JN023293

音楽史跡巡り
のための
ウイーン住所録

赤松弘一

Parade Books

はじめに

　音楽の都ウイーン、クラシックファンなら誰しも一度は訪れてみたい聖地であり、憧れの地と思う。そういう小生も、死ぬまで一度はウイーン詣をしたいと考えていた大学4年の時、バイトでコツコツ貯めたお金と親からの借金で、ウイーンに行きたいという情熱だけで聖地を時間が許す限りまわった。そして、ウイーンの魅力にすっかり虜になった自分は、帰国してからは、ウイーンの町の歴史、ウイーンで活躍した作曲家の伝記を読みあさりながら、住所が載っている文書があればコツコツとメモすることになった。こうなると目で確認したいという欲望から、仕事の合間を縫っては現地調査、そこで、現地の本屋で新たな資料を手に入れ、帰国しては、データの追記、そして、また出かける繰り返し。

　その結果、気が付いたら、ウイーンだけで約500箇所という膨大なポイントとなってしまった。

　一方、世の中には、今やGoogle Mapという画期的なツールの出現により、住所さえあれば、どんなところにも行ける時代になった。そこで、作曲家の住所録としての本書とGoogle Mapとの連携により、効率的に作曲家の史跡巡りが出来るし、現地に行くことが叶わなくても、好きな作曲家の史跡巡りが家でも出来る。さらに、現地へ出向く前の旅行計画も、Google Mapと本誌の各ポイントの写真を参考に作戦がたてられる。この時間が至福の時間なのだ。

　また、公共機関を利用して、一人で歩けるためのノウハウや音楽史の変革点になった2つの時期にも焦点をあて、音楽家の当時の様子を横断的に追ってみた。

　旅行指南書として、住所録として、そしてウイーン旅行を妄想するための本として、様々な活用法がある中で、この本を活用して、読者にウイーンを心ゆくまで堪能してもらえれば嬉しい。

目次

第2章　史跡データーベース

第1章　史跡巡りの基礎知識と具体例の紹介

　ウイーンだけでも、約500ポイントある音楽史跡を巡るといっても、どこから手をつけていいか悩まれることでしょう。そこで、この章では、史跡巡りに必要な基礎情報やノウハウを紹介します。

　前半に、有名で重要なポイントを網羅しつつ、一人でもまわれる具体的例として、有名観光ポイントまわりの史跡や主要トラム路線ごとの史跡を紹介したので、計画つくりの一助にしてください。

　また、後半に、音楽史的に重要な転換期となった二つの時代に焦点を当て、当時の作曲家の生活を横断的に覗いて、妄想の世界を楽しみましょう。

1　プランの立て方

1-1　はじめてのウイーン観光で、滞在日数が1, 2日の場合

　この場合、まず悩まれるのが、観光バスツアーに参加すべきか否かでしょう。観光バスツアーの利点が生かされる方は、
・ウイーン観光の目玉の一つであるシェーンブルン宮殿の内部やオーストリア・ギャラリー（ベルベデーレ宮殿上宮）を、効率的にじっくり見学したい方。（ただし、両方の庭園は、フリーで入れます。）
・トラムやバスに乗る自信がない方。
です。
現地の観光バスツアーの代表的なコースを紹介しよう。
ルートは、まず、シェーンブルン宮殿、ベルヴェデーレ宮殿を主とした外回りから、市立公園を経てリング一周をまわって、集合場所で解散するものと、その逆にリング一周をまわってから、シェーンブルン

宮殿、ベルヴェデーレ庭園を見学して解散のどちらかだ。集合・解散場所は、日本の旅行会社の場合は、アルベルティーナ広場が多く、欧米系の観光バスは、市庁舎、歴史博物館（美術史美術館）、王宮前にしているバス会社が多いようだ。

このように、バスツアーを利用した場合は、残りの自由時間が少なくなり、史跡巡りはリング内とその周辺のみとなってしまいます。

　そのため、観光都市ウイーンは、治安もいいし、交通機関の利用も便利で、地図（Google Map）さえあれば何とかなり、自由時間を多くとったほうが賢明と思います。

1-2　滞在時間が3〜4日取れる場合の検討手順

1）　コンサート、オペラ（オペレッタ）のチケット確保検討
　　　ムジークフェラインの内部は、オフシーズンには観光客向けにほぼ毎日やっているモーツァルトコンサートに行けば入れる。オペレッタのフォルクスオーパーなら、比較的チケットが入手しやすい。オペラ座のチケットは、日本にいる時に確保すべきだ。オペラ座の内部だけでも見たいのであれば、昼間の見学ツアーに参加しよう。また、ブルク劇場やアン・デア・ウイーン劇場は、演劇が多く、クラシック関連の演目は少ない。
　　　これ以外でもウイーン市内では、毎日、どこかの宮殿や教会でコンサートをやっているので、事前にネットで調べておこう。

2）　これらのチケットが確保出来たら、その当日は、近場の史跡をまわろう。

3）　次は、天気予報を見て、天気がよさそうな日は、ハイリゲンシュタット巡りから、グリンツィングでホイリゲのワインでしめるのもいい。

4）　残りの時間は、テーマやチェックポイントを決めて回る。

1-3 滞在期間が一週間程度とれるか、再度、来れそうな場合

　テーマ毎やエリア毎に、本書を活用して、充分計画検討を楽しんでください。参考として、テーマ例をご紹介する。
- 作曲家の足跡を追う。
- 重点エリアを決め、その周辺をまわる。
- 区ごとにつぶしていく。
- 作曲家の博物館めぐり。
- 墓参りツアー。
- 近郊にも、足をのばす。

2　交通機関活用術

2-1　まわるコツ

　ウイーンのリングの外、即ち、1区以降を回るときは、トラム、Uバーン、バスの活用が効率的にまわるポイントだ。特に、トラム、バスは、市内のどこにでも行けるように張り巡らさされているが、ここで注意したいのは、各路線の本数だ。

　中には、1時間に一本のケースは少ないが、30分や20分間隔では、2つ3つ次の停車場へ歩いたほうが早い。私も、停車場で待ってしびれを切らせて、歩き始めていると、ちょうど、停車場と次の停車場の中間でスーと追い越されて悔しい思いをウン十回も経験した。そこで、本書では、比較的本数が多く、おすすめの路線をベースに、各ポイントが回れるルートをご紹介します。

　また、番地の付け方もご紹介すると、シュテファン教会を背に、左側が奇数、右側が偶数で、番号は、シュテファン教会に近い方から付けられている。このコツを覚えておくと現地で距離感が掴め廻りやす

い。

2-2　各交通機関の留意点

1)　Sバーン

本数も少なく駅も乗客が通勤時間帯以外は少ないので、不安だし不気味で、あまり、お勧めしません。しかし、近郊に行く場合は、早いので利用する価値がある。その場合、ネットでÖBBの時刻表であらかじめ発車時間を調べておこう。

2)　Uバーン

これは、利用価値多いにあり。特に、時間が正確で、ホームにあと何分と表示が出ているので、安心感がある。欠点は、市内中心部は、地下を通るために、位置（方向）関係が分からず、さらに、行き先が終点の駅名で表示されているので、乗る前に乗りたい電車の終点駅名を確認して乗ること。

3)　トラム

私は、これが一押しだ。なにしろ、乗りながら町並みが見れるのはもちろんだが、ほとんどの停留所が通りとクロスしているところにあり、そのクロスしている側の道の名前が、アナウンスされるからだ。また、それを聞き逃しても、通り過ごした通りの角の建物の銘板に書かれた通り名称と地図とを照らし合わせれば、降りる心つもりができる。さらに、車窓から通り沿いのお店の番地を見ながら、広場に面したところを除けば、通りの片側には、必ず、偶数か奇数の番地があるので降りるタイミングがつかめる。

4)　バス

バスはトラムが通せないような比較的狭い道を、隙間なく走っているので便利だが、落とし穴もある。狭い道を走るために、一方通行の道が多いのだ。そのために、行きたいポイントまで、もうすぐのところまで来て、進入禁止で曲がってしまい、しかも、曲

がったすぐのところには、安全上のためか停留所がなく、ずっと行ってしまう。また、ポイントから戻ろうとしても、一方通行のために降りた近くに、停留所がない。よって、バスの利用を考える場合は、一方通行と停留所が記載された地図が必須だ。

5) タクシー

いわゆる流しのタクシーは、捕まえにくい。そのために、Ｓバーンやｕバーンの駅前には、だいたいタクシー乗り場があるので、そこで乗る。または、ホテルで呼んでもらう。しかし、ウイーン市内は、一方通行も多く近場であっても、遠回りになる場合もあるので、注意を要する。そのため、市内であればタクシーは、あまりお勧めしない。

6) レンタル自転車

観光都市ウイーンのために、レンタル自転車の利用の仕組みは充実している。そのため、インターネットで日本からでも手配は容易だ。しかし、下記の留意点を考慮してから活用してほしい。

①1区内は、利用価値少ない。

・道路が部分的に、石畳になっており、お尻が痛くなる。
・観光者が多く、スムーズに走れない。
・観光ポイント間の距離が短く、徒歩で十分。
・美術館や博物館等建物に入る際の駐輪場の場所が分かりにくい。

②ハイリゲンシュタットやグリンツィングエリア等、市内中心部から離れているエリアは、往復の自転車はきつい。

③よって、利用価値があるのは、リング西側の5〜9区の放射状に走っているトラム間のポイントをまわりたいときがいい。

2-3　チケットについて

購入するのは、ｕバーンの各駅の自動販売機がベスト。日程に合わ

せて、1日券、1週間券等を選んで購入しよう。一番初めに乗車する時に、ホームゲート前にある機械で、時間を印字したら、後は時間内であれば何回乗っても自由だ。因みに、抜き打ちで、時々、改札出口でチェックしているので、くれぐれも、無賃乗車はやめよう。ここで、捕まると勿論、罰金も多いが、ドイツ語（中には、英語が話せる職員もいそうだが）でまくしたてられていた東洋人をよく目撃した。

3　ウイーン全体の概観

　ウイーン市内は、リング内の1区を中心として、時計回りに、2区，3区，4区・・・23区まであり、これら各区の特徴と作曲家の関わりを予め理解をしておくと計画が立てやすい。
1）　1区
　　リングの内側とその周辺が1区で、次の3つの顔を持つ。
　　①シュテファン教会の北東側を流れるドナウ運河側は、地形的にも低く、いわゆる下町のため道幅も狭く込み入っており、建物も小ぶりでウイーンで一番古いエリア。そのため、モーツアルトが幼少時代に父レオポルトに連れられてウイーン訪問時に泊まった宿やベートーベンやシューベルトが通った居酒屋跡が点在する。
　　②リング内の西側から南側一体は、宮殿を持つ上流階級のエリアで、建物も大きく立派だ。これらの建物の中には、社交の場として大きなホールや広間を持ち、演奏を披露する場が多かった。特に、ベートーベンはその恩恵を受け、初演の機会に恵まれた。
　　③これらの中間部が住宅地で、中産階級の住民が多かった。そのため、シューベルトが、友人宅に泊まり歩き居候したエリアだ。また、1区は、多くの音楽家が活躍した時代は、そもそも城壁に囲われた中心部だったために、史跡の多くがあり、1区だけ

でも全てまわるには、1日では不十分。

2) 2区

ドナウ運河の対岸にあたるこのエリアは、ユダヤ系やチェコ、ハンガリーからの移民が多く住んでいた地区で、今でもユダヤ系の多くが住んでいる。

そのため、ユダヤ系のヨハン・シュトラウス一族、シェーンベルクの住居が多い。また、このエリアにはアウガルテンやプラター公園があり、緑も多い、そのためか、ブラームスのように、リング内の騒音から逃げるために、このエリアに移ってきた人もいる。

3) 3区

観光的には、ベルヴェデーレ宮殿につきるが、その周辺にも、多くの見逃せないポイントが点在する。

・コンツェルトハウス。
・ベートーベン第9交響曲を完成させた家。
・モーツアルトの経済状態が悪くなり移ってきた家。
・ベルヴェデーレ宮殿の門前にあるブルックナー終焉の家。
・ベートーベンのスポンサーだったラズモフスキー邸。
・モーツアルトの遺体がない墓で有名な聖マルクス墓地。

4) 4区

カール教会周辺から、カールスプラッツ駅への南西に広がるエリアだ。

重要ポイントは、

・ヴィヴァルディ、ブルックナーの葬儀が行われ、ヨハン・シュトラウス2世の2番目の妻と結婚式を挙げたカール教会。
・カール教会前のレッセル広場にある、有名なブラームスの像。
・シューベルト終焉の家となったシューベルト博物館。

これらは、見逃せないが、ドヴォルザークが滞在した宿や、ワーグナーやリストが常連だったレストラン等、時間次第で全部まわれば1日分はある。

5) 5区

なぜか、このエリアは、面積的にも小さいためか、重要ポイントは少ない。

6) 6区

セセッションとその傍にあるアン・デア・ウイーン劇場も重要だが、その他にも少し分かりにくいところにあるが、館内は充実しているハイドン・ブラームス博物館も見逃せない。教会関連では、ハイドンの立像が有名なマリアヒルファー教会、ハイドン葬儀が行われたグンペンドルファー教会もいい。

7) 7区

ランナー、ヨハン・シュトラウス2世、ツィーラーの生家。グルックに縁のあるウルリッヒ教会ぐらいか。

8) 8区

アルザー通りのベートーベンの葬儀したアルザー教会やブルックナーがオルガンの試験を受けたピアリスト教会。その他としては、ベートーベンが作曲した"献堂式"で開場したヨーゼフシュタット劇場があり、ここでは、後にヨハン・シュトラウス2世やスッペが活躍した。

9) 9区

このエリアは、シューベルトの世界が中心だが、他にも重要なポイントも多くある。まず、シューベルトの生家が今でもウイーンの5大作曲家博物館の一つだし、家前のヌスドルファー通りを渡った反対側には、父親が経営していた学校兼住居があり、また、この通りの東側には、洗礼をうけ少年時代に音楽の基礎を学んだリヒテンシュタール教会がある。因みに、この教会では、ヨハン・シュトラウス1世が、結婚式も挙げている。他にも22歳のベートーベがあこがれのウイーンに出てきた時の最初の住居や終焉の家、モーツアルトの最後の3大交響曲を一気に書き上げた家も見逃せない。

10) 10区

めぼしいのがない。

11) 11区

中央墓地につきる。ここは、モーツアルトの遺骨がないことは有名だが、ベートーベン、シューベルト、ブラームス等、ウイーンで活躍した有名作曲家の墓や記念碑がひとつの区画の中に、まとめられている。この区画は各作曲家を偲んで、しんみりとお墓詣りする気分というより、むしろ、ウイーンにはこれだけクラシック音楽に貢献した人がいたんだぞといわんやばかりに、立派な記念碑が立ち並ぶ姿は壮観だ。観光名所の一つとして一見の価値があるし、ウイーンに来たぞという実感が味わえる。

12) 12区

ベートーベンが1823年に数か月滞在した男爵の邸宅とシュトラウス一家がよく出演した居酒屋ぐらいだ。

13) 13〜14区

シェーンブルン宮殿をハイライトに、その西側に広がるエリアだ。モーツアルトの時代は、宮殿しかなかったが、その後、ウイーン万博を境に、シュトラウス親子が活躍したダンスホールや、ヒーツィング墓地ができた。

さらに、西側には高級住宅地が出来、シェーンベルク、ベルクらのウイーン近代音楽家達が、都心の喧騒を逃れ静かなこの地に移ってきた。

今でも、このエリアを歩くと、静かで、緑に囲まれた高級住宅地気分が味わえる。一方、Uバーンを挟んでシェーンブルン宮殿の反対側に、Uバーンに沿って走るハディック通りには、ワーグナーが住んだ立派な住居があり、借金までして借りた見栄っ張りのワーグナーの姿を思い浮かべるのも楽しい。

14) 15〜17区

15区は、ボスコフスキーの生家以外なにもない。16区は、ワーグナーのタンホイザーが初演され、ウイーンデビューを飾ったターリア劇場跡がある。17区は、シュランメン兄弟が活躍していたエリアで、シュランメル音楽に興味のある方にはお勧めエリアだ。

15) 18区

　このエリアは、シューベルト公園で昔は墓地でベートーベンも
シューベルトも初めはこの墓地に眠ったが、二人とも中央墓地に
移された。しかし、今でも二人の墓石は残され、その墓石の前で、
子供たちが遊んでいる姿は、なんともいえない気持になる。

16) 19区

　ベートーベンファンとマーラーファン必見のエリアだ。ハイリゲ
ンシュタットの遺書を書いたベートーベンハウスをメインに、田
園交響曲のフレーズを口ずさみながら周辺を散策するだけで大満
足間違え無し。また、マーラー関連では、アルマの実家、新婚時
代の住居、グリンツィングには、葬儀を行った教会と有名な墓は
是非訪れてほしい。そして、仕上げをグルンツィングのホイリゲ
のワインでウイーン情緒を満喫して、トラムで戻るのがお勧め。

4　主要エリア別案内

＊＊各ポイント名の後の（　　　）内の数字は、史跡データの整理番号
　　です。＊＊

4-1　リンク内（1区）

　1区は、基本的にリングの内側であり、シュテファン教会を中心に
半径800Ｍ程度だから、歩いて回れる範囲だ。しかし、その中にクラ
シック関係のポイントだけでも、約200箇所あるので必見場所をよく
吟味して、優先順位を付けつつおおよそのルートを、決めておくこと
をお勧めする。

　そこで、ここでは、代表的な通りや観光ポイント周辺に焦点を当て

てご紹介することにする。

1) 歌劇場とシュテファン教会間のケルントナー通り

　　歌劇場（1）からシュテファン教会に向かって、追ってみるが、ケ
ルントナー通りに面したところでは、ポイントが少ない。そのた
め、少し入ったところも含め紹介しよう。

　　歌劇場とホテル・ザッハーの間の通り（フィルハーモニカー通り）
とケルントナー通りとの角に、ヴィヴァルディの住居（10）の
銘板がある。ケルントナー通りを挟んで、反対側のヴァルフィッ
シュガッセには、ベートーベンの住居（8）。次のクルガー通りに
も、彼の住居（13,15）がある。その次のアンナガッセとの間にあ
るカジノ・ウイーン（311）は、当時エステルハージー候宮殿跡
地で、モーツアルトもよくここで演奏会開く。アンナガッセとケ
ルントナー通りの交差点左角に、ガラス装飾品のスワロフスキー
店。その隣にＥＭＩのＣＤショップがある。アンナガッセの奥の
アンナ教会（17）の場所には当時、音楽師範学校がありシューベ
ルトが教壇にたった。次に進もう。次のヨハネスガッセとの角の
ビルの4階には、ベートーベンがいた（22）。

　　次のヒンメルプフォルトガッセを入ると右側に、カフェレストラ
ン・フラウエンヒューバー（30）がある。そこを左折、即ち、ケ
ルントバーと平行に走るラウエンスティンガッセに入り、50ｍ左
がデパート・シュテフェルの裏口、そこにモーツアルトが息を引
き取った家（36）の銘板がある。その右の情緒のある小道、バー
ルガッセにはベートーベンの所縁の店（33,34,35）がある。そ
のままラウエンスティンガッセを行くと突き当たるのが、ヴェ
イブルガッセ。ここを左折した右には、モーツアルト、リスト、
ワーグナーらが泊まったホテル・カイザーエリザベス（37）。そ
のまま、ケルントナー通りに戻ると右側に、シュテファン教会
の威容が現れる。そこで、いきなり、シュテファン教会に駆け
つける前に、手前右がジンガー通り。この通りは、多くの史跡

16

（41,42,46,47,48,49,50,51,52）があるので、ゆっくり回って欲しい。

2) シュテファン教会（61）の周辺
　1区の中でも最も古いエリアのために、通路も狭く入り組んでいるので、各ポイントを効率的にまわるのに苦労するところだ。その中で、前述したポイントも含め必見場所のみをあげてみる。
　・フィガロハウス（63）。
　・モーツアルト最期の地（36）。
　・モーツアルトが、コロネード伯爵と喧嘩別れしたドイツ騎士団の家（41）。
　・シューマンの住居（21）。
　・ベートーベンが入り浸った居酒屋（33,35）。
　・ワーグナー、ウエーバーらロマン派の面々が泊まったホテル（37）。
　・シューベルトが少年時代に歌っていたコンヴィクト（151）。
　・モーツアルト一家が、1762年にウイーンに来たときの宿舎（159）。
　・ヨハン・シュトラウス1世が2番目の妻エミリーと住み、死去した住居（44）。
　・部屋の壁に作曲家のサインが残っているレストラン・グリンヒェンバイスル（154）。

3) ミヒャエル広場とグラーベン間
　王宮の東側が、ミヒャエル広場だ。この広場に面した南側に現在はないが、旧ブルク劇場があり、モーツアルトのオペラ・フィガロの結婚やコシ・ファントゥッテが初演された。
　この広場からコールマルクトに向かって右側に見えるミヒャエル教会（92）では、モーツアルト死後、最後のレクイエムにより追悼ミサがおこなわれた。左側には、カフェ・グリーエンシュタイ

ドゥル(91)。ここから正面にまっすぐのびるコールマルクト通りを歩こう。まず、この通りに入って直ぐ右のビルの1階は、ベートーベンの多くの作品を出版したアルタリア（83）、現在では、1階が本屋になっており、ウイーンの地図、写真集ならここが一番。そのビルの隣の建物の屋上階には、田舎から出て来たハイドン青年が屋根裏部屋で生活し、音楽の先生として日銭を稼ぎつつ生活していたところだ（89）。

その対面が、日本でも超有名なケーキ屋 "デーメル"（88）。さらに、数歩いくと右手のビルの壁面に、ショパンの銘板がある。そう、ショパンが、音楽に都ウイーンにあこがれて来るも、失意のうちにここを後にし、パリに向かうのだが、その時の宿泊していた部屋（83）があった。

そのまま商店のウインドーをのぞきながらいくと、グラーベンにでる。

出たところの左手（ステファン教会側から見るとグラーベンの突き当たり）が、コーヒー、チョコレート菓子等食料品ならなんでもあるユリウス・マインル（少し高めだが）。

4) グラーベン周り

グラーベンとは、堀の意味で、ローマ帝国時代では、この一帯が堀、濠になっていたが、今ではその面影もなく、ウイーン市内観光の中心地だ。そのグラーベンに面した29番の建物（75）では、モーツアルトが28歳のとき多忙で充実していた時期をここの4階に住み、後世にはヴォルフまでもが住んだトラットナー邸。17番の建物は、やはりモーツアルトが独身最後の住居（73）ぐらいだが、グラーベンから少し裏に入るだけで、チェックポイントが増える。一押しは、ドロサーガッセを入ってすぐにある、音楽専門店ドブリンガー（67）だ。音楽書籍のお土産ならここが一番。史跡では、ペーター教会（79）の裏には、ベートーベンの住居（77）やMilchegasseにはモーツアルトが新婚時代に、後宮からの逃走

を書いたコンスタンツェの実家（80）もある。

5)　かつての音楽文化の中心地（トゥッヒラウベンを中心に）

シュテファン教会から見てグラーベンの突き当たりを右折、また
は、ミヒャエル広場側からいうとコールマルクトを直進すると
Tuchlauben通りだ。このあたりからは、シューベルトのボヘミ
アン的生活を謳歌したエリアだ。また、ここには楽友協会の本拠
地があり、シューベルト、ブラームス、マーラーらがうろついて
いたところだ。

これらのポイントは右側に集中しており、ベルクの生家（134）、4
差路を渡った一帯に旧楽友協会（136）があり、シューベルトが
出入りしていた親友ショーバーの家（129,135）が立ち並ぶ。

その先で、右側に、広場が出現する。ホーエルマルクトだ。ここは、
ウイーンでも最も古い市場広場で、このエリアの地下には、ロー
マ時代の遺跡が残っている。興味のあるかたは、見学も可能。こ
の広場から、北に伸びる道路（Tuchlaubenに直交している）が、
Wipplinger str.。

6)　ヴィップリンガー通り

この通りには、モーツアルト、シューベルトからドニゼッティ、
マーラーにいたるまで史跡が多い（123,124,138,139,140,141,14
2,143,144,145,146,148）。特に、19番地の"赤いサーベルの家"
（142）と隣の"煙突掃除人の家"（144）は必見だ。

この煙突掃除人の家の横がなんと立体交差になっている橋の上な
のだ。その下のTiefer Graben通りに下りていこう。先程、ホー
エルマルクトのところでもお話したように、このTiefer Graben
も、ローマ帝国支配化の時代は、ドナウ川に流れ込む川だったの
で、今から歩くところは川底だった。

7)　ティーフェルグラーベン通り

この通りにも、重要な史跡がある。ティーフェルグラーベンに降りたら左側、即ち、ゆるい坂を上ると直ぐ左に、モーツアルト一家が初めてウイーン訪問時に宿泊したホテル（119）があり、さらに上ると壁面に大きなモザイクの銘板がある。ここは、ベートーベンの家（116）だ。しかし、ここのモザイクに書かれている年数は、最近の研究では、間違っているらしい。そのまま上ると広い通りにでる。ここを左折するとアム・ホーフに出る。

8) アム・ホーフ

ここの歴史も古く、歴史に興味の有る方は、かならず訪れるところだが、我々、クラシックファンにとっても非常に重要なエリアだ。アム・ホーフ教会（122）とコラルト宮（121）だ。特に、コラルト宮には、モーツアルト一家は、初めてのウイーン訪問時には、3ヶ月あまり泊めてもらい厚いもてなしを受けた。

9) フレユング

今度は、今来たティーフェルグラーベンの方向に戻り、そのまま直進する。すると、石畳の道に囲まれた三角地帯、フレユングに出る。この広場の右側の通りがレンガッセで、手前の建物（113）が、ベートーベン時代では高級ホテルだったところで、ベートーベンやシューベルトが演奏会をよく開催した。

隣がスヴェーデン男爵の館（114）で、ここには、モーツアルト、ベートーベンがよく通った。

そして、左に目を移すとショッテン教会（112）だ。この教会は、ハイドン、ブルックナー、リストまで縁が深い。教会の道路を挟んで反対側4差路の左の宮殿が、ベートーベンの大のスポンサーだったキンスキー候の宮殿（109）、さらに、フレユング通り側には、ハイドンがお世話になったハーラッハ宮殿（111）が並ぶ。この一帯は、教会、宮殿、石畳が程よいスペースのなかに収まり、当時の雰囲気が残り、すてきな場所だ。

さて、ここの4差路を、車、人の出入りの多い方に向かうとこの狭い道路が、ショッテンガッセだ。少し進むと道幅が広がり正面に美しいヴォティーフ教会（188）が現れる。広がったところを左折し、メルカーバスタイに入り、必見のベートーベン博物館（パスクァラティハウス）（181）に向かおう。

10）ベートーベン記念館（パスクァラティハウス）（181）

　　この建物の5階にありエレベーターがないので、右側の歴史を感じさせる螺旋階段を登るのも印象的だ。そして、いよいよ記念館入館。ここはベートーベンの黄金時代を過ごした住まいで、多くの名曲はここで作曲された。そのため館内の展示物は興味深いものも多く、窓越しに見えるウイーン大学、市庁舎の眺めも素晴らしい。建物を出ると左に回ると緩い下り坂になっているが、少し下がったところの家が、ドライメーデルハウス（180）だ。ここでは、ベートーベンも良く演奏したが、シューベルティアーゼが頻繁に開かれた。坂を降りたテインファルト通り左折すると先程のショッテン教会前の四差路に出るので、右折してヘレンガッセに入る。この通りには、カフェ・ツェントラール（108）があり、ここでの休憩もお勧め。更に、南下すると8番にリヒテンシュタイン宮殿（105）を見てから、ミヒャエル広場に戻る。

11）ホーフブルグ宮殿とヨーゼフ広場

　　ホーフブルク宮殿の見学後は、南側の中庭にある宮廷礼拝堂（94）を見てから、その先の宮殿通路をくぐると、ヨーゼフ2世像のヨーゼフ広場へ出る。この広場の周囲は、ポイントが並んでいる。まず、宮殿側は、アウグスティーナ教会（99）、国立図書館（101）、レドゥッテンザール（100）、アウグスティーナ通り沿いには、モーツアルトやベートーバンがお世話になったパルフィー邸（102）がある。更に南下するとアウグスティーナ広場と歌劇場（1）となる。

12）市立公園とウイーン・ミッテ駅

　　　スタートはU4のシュタット・パーク駅として北側のミッテ駅に向かうコースがいい。駅を出てヨハネスガッセをリング内側の歩くと右に市民公園のクアハウスが見えてくるが、市立公園に入る前に、左の2ブロック先に有名なベートーベン像（323）があるベートーベン広場に行こう。この像の左側の建物はシューベルトが11歳から学んだアカデミー・ギムナジウム（324）だ。

　　　ここで、後ろを振り返ると、幅広なロートリング通りの向こうに3区のコンツェルトハウス（326）と右のウイーン音楽演劇大学（325）の堂々とした姿を見ることが出来る。

　　　今来た道路を戻り、公園（332）に入る。まず、ヨハン・シュトラウス親子やランナーらが演奏していたクアハウス、ヨハン・シュトラウス2世の像で記念写真を撮ってから、ブルックナー、ロベルト・シュトルツ、シューベルトの像を見たら、北出口に出る。ここを右折し、ウィーン川と広い道路を渡ると左がウイーン・ミッテ駅。構内で休憩後、ゆるい下り坂を降りた初めの交差点を右折してインバリデン通りを南に進んで次の交差点の角が、ブラームスが合唱曲を多く作っていたホテルのあった建物（340）。更に、このウンガーガッセを進むと5番に、ベートーベンが第9を仕上げた家（342）があり、これも必見すべし。

13）音楽の家まわり

　　　クラシックファンには、見逃せない音楽の家（57）。ウイーン・フィルのメンバーを前にして指揮者の疑似体験コーナーが目玉だが、音楽関係グッズも豊富で、1時間弱は楽しめる。

　　　音楽の家に来たら是非立寄ってほしいのが、この前のセイラーシュタッテ通りの21番の建物（56）。ここの2階にハイドンが住み、ベートーベンが指導を受けに通った。その後、ベートーベンもここを気に入ったのか、1815年と1816年の2回住んだ。

14) ムジークフェライン（318）

　　ここに行ったら、建物の正面や遠景を写真に収めたら、是非、その裏のカノヴァガッセのベーゼンドルファー社（319）と隣のウイーンフィルメンバーの弦楽器のメンテをやっているラング（320）を覗いてほしい。因みに、ムジークフェラインの当日券は、建物のフリードリッヒ通り沿いの窓口で、夕方から売っている。

4-2　2区

　　2区は、道路のクセというか基本的なレイアウトを頭に入れてから、回ると効率的だ。そもそもこの区は、ドナウ川本流が蛇行してできた湿地帯を埋めたててできたところのために、道路も、比較的計画的に作ることができた。具体的には、1区側とはドナウ運河を間に挟み、5本の橋で連絡し、その中のシュヴェーデン橋を中心として扇状に広がっている。そのために、扇の中心に近いところは、主要道路間の距離は小さいが、ウイーン北駅に近くになるしたがって、主要道路の渡りが大変だ。よって、U1とトラムを利用しながら、通りごとに回ったほうがいい。

　　・プラター通り＝U1
　　　ヨハン・シュトラウス博物館（371）、4か所のブラームス住居（385,386,387,388）。
　　・タボール通り＝トラムN,21番
　　　ハイドンがアルバイトした教会（382）、ヨハン・シュトラウス家族の住居（381）。
　　・オーベレ/ウンターレ・アルガルテン通り＝U2，ショッテンリングからトラム31番
　　　アウガルテン（392）。

これらをベースに、お勧めルートを紹介しよう。

1) プラター通り

U1のネストロイ広場駅下車で、地上に出たところの建物の2階が、ヨハン・シュトラウス記念館（371）。ここに展示されているヴァイオリンは、彼がこのヴァイオリンを弾きながら、ここで作曲した美しき青きドナウを演奏している姿がしのばれる。他にも興味深いものが多く、お薦めの記念館だ。

通りに出て、北東の方向（ウイーン北駅方向）に進むと、右にヴォルフの下宿した家（391）があるマイアーガッセ。次に、北駅の手前でプラター通りを渡って、西方向に延びるノヴラガッセがある。入ってすぐの右側の55番（388）、さらに奥の39番（387）は、29歳のブラームスがウイーンに初めて入ってきて住んだ場所だ。この通りの7番（386）にも住んだが、タボール通り側からの方が近い。

再び、プラター通りに戻り、今度は、1区リング方向に行きU1ネストロイ広場駅前にネストロイ広場があるが、この広場に面して、オペレッタ全盛期のカール劇場（374）があった。また、この広場につながっているツェルニングガッセ7番には、ブラームスがアルト・ラプソディを作曲し始めたホテル（385）がある。

2) タボール通り

シュヴェーデン・タボール橋の1区側からも見えるカトリック教会（382）は、若いハイドンが雇われていた教会だ。この教会の前後の、17番はヨハン・シュトラウス一家の住居（381）、11番はヨーゼフ・シュトラウスの住居（380）がまとまっている。

更に、進んでカルメリッター広場まで歩こう。ここのカルメル教会（369）を見てから、トラムに乗り、次の駅で下車したところにあるレオポルド教会（370）は、ヨハン・シュトラウス2世とヨゼフが合唱団の一員として歌っていた。

3) アガルテン（392）への行き方は、U2でタボール通り下車の方法とショッテンリングからトラム31番に乗り、手前のオーバー・アウガルテン駅で下車する二通りある。

4) その他として、ドナウ運河に沿ったオーベレ・ドナウ通りには、マリーエン橋との角にあるIBMビルの場所（367）は、美しき青きドナウの初演が行われたホールのあった場所として有名だ。これ以外にも、シュトラウス1世（379）、クライスラー（378）、シェーンベルク（400）らの家も見逃せない。

4-3　シェーンブルンとヒーツィングエリア

1) シェーンブルン宮殿（411）
宮殿内の詳細については省略し、クラシックファン向けの補足情報を紹介する。
30歳のモーツアルトが、サリエリとオペラで競演させられ負けたのが、この宮殿の右翼にあるオランジェリー。また、グロリエッテまで20分かけて登ったら、東門の先のギュリュンベルク通りを渡った左に、当時、シュトラウス楽団が毎晩演奏していた巨大なダンスホール（439）があったところだが、現在は老人施設になっている。

2) シェーンブルン宮殿の西側のヒーツィング地区
シェーンブルン宮殿とこの地区をまわる時は、U4のシェーンブルン駅より次のヒーツィング駅下車をお勧めする。下車してUバーンと直角に南に向かう道路を進むと右のホテルが、ヨハン・シュトラウス2世のデビュー演奏会で大成功を収めたパークホテル（420）。少し進むと、シェーンブルン宮殿の西口の向こうにあ

るプファール教会（419）では、ベルグがヘレーネと結婚式挙げた。

左にカーブしていく道がマキシム通りで、緩い登坂を5分も行けば、右にシュトラウスがオペレッタ“こうもり”を誕生させてくれた家（425）。この先を進めば、ベルクが眠るヒーツィング墓地（431）、ベルクの妻カロリーネの実家（428）がある。

プファール教会まで戻り、Uバーンと並行に走るヒーツィンガー・ハウプト通りに戻ると、6番がベルクの住居（418）、更に進むと右に、カフェ・ドムマイヤー（416）があり、店の前にはシュトラウスの像がある。ここは、昔は、ホテル・シェーンブルンのあった場所で、シュトラウス1世とランナーが競って演奏を繰り広げた場所でもある。

また、このエリアは、高級住宅地のため、近代音楽家に興味のお持ちの方は、シェーンベルク（422,429）、ベルク（427,430）らの住居もまわろう。

3） ヒーツィング駅北側

Uバーンを挟んで宮殿の反対側に、Uバーンに沿ってはしるハディック通りには、ワーグナーがウイーン時代に住んだ立派な住居（415）があり、借金してまで借りた見栄っ張りの彼の姿を思い浮かべるのも楽しい。そのため、結局逃亡の時代に突入して行く。ワーグナーの住居の手前の62番もベートーベンの有名なエピソードを生んだ住居（414）も見逃せない。

4-4 ハイリゲンシュタットとグリンツィング

19区だけでも、全部回ろうとすると1日かかる。私のお勧めは、まず、U4でHeilgenstadt駅まで行き、そこからバスでハイリゲンシュ

タットに入り、戻りはグリンツィンゲのホイリゲで、美味しいワイン
を楽しんで、トラムで戻ってくるコースだ。

　もし、時間に余裕があれば、Heilgenstadt 駅から、38 Ａ番のバス
で、カーレンベルクの山頂にのぼり、ウイーンが一望に見渡せるレス
トランで休憩し、ドナウ川の本流やウイーンの遠景を楽しんでから、
ハイリゲンシュタットのベートーベン小路まで、ブドウ畑の中を徒歩
でくだるものだ。実に気持ちもいいし、ウイーンの自然が感じられ、
思わず、ベートーベンの田園シンフォニーのメロディを口ずさみたく
なる。

1）　ハイリゲンシュタット

　　Heilgenstadt 駅を下車して、左側（西側）に出ると、目の前にバ
　ス停があり、38 Ａ番バスに乗る。バスは頻繁に出ているが、多方
　面に向かうバスが多いので、よく確認してから乗ろう。地図と睨
　めっこしながら、Heilgenstadt-Park で下車。
　　南側の Heilgenstadt-Park の有名なベートーベン立像（478）を拝
　み、道路の反対側の坂道を上ったところに広がる Pfarr 広場にホ
　イリゲ（480）がある。そこでは、聴覚が衰えてきたベートーベン
　が 2 ヶ月ほど住んだ。次は、バス通りと並行に走る Probus G. に
　入ると左に、本命ハイリゲンシュタット遺書の家（481）がある。
　次は入ってきた Probus G. を戻り、先ほどの Pfarr 広場を左折し
　Eroica G. を進むと、Kahlenberger str. と交差する、この通りの
　右側に少し行くと 26 番にベートーベンの 1817 年に住んだと言わ
　れる住居（494）があるが、この時期の住まいについては、先程
　のホイリゲ（480）と 2 説あるようだ。
　　次は、この道を戻り、先程の交差点を右折して Eroica G. をさらに
　進むと、Beethoven-gang が、道路と直角に小川と平行してある。
　この Beethoven-gang（483）を、今来た Eroica G から左折して、
　奥に進むが、今は小川に沿って住宅地となってしまった。しかし、
　当時は、何もなく、田園交響曲の 2 楽章そのものだっただろうと

実感できる。5分程歩くとベートーベンの胸像（482）に会える。次のグリンツィングへ向かうためには、今来た道を戻るほうが賢明だ。Grinzinger str. に出たら、先程、下車したHeilgen-stadt-Park停車場で乗らず、公園の先にあるミヒャエル教会（479）。更に、先の64番のベートーベンが田園を書いたと言われる家（485）を見てから戻り、ミヒャエル教会前の停車場から同じバスに乗る。

バスは、ゆるい上り坂を登っていき、5分もたたないで、グリンツィングの中心で下車する。

2) グリンツィング

このエリアは、ホイリゲが立ち並び、シューベルト、シュトルツ関連の見どころが多い。指揮者では、カール・ベームの家（489）もある。

また、Himmel str. にあるマーラーの葬儀が行われたグリンツィング・カトリック教会（502）の手前を左折して、下り坂をおり、道路を渡ってから、今度は幅が狭くなった小路を、上りきると右にグリンツィング墓地だ。ここには、有名なマーラーの墓（503）がある。この洒落たデザインは、ヨーゼフ・ホフマンのもので、110年たった今でもモダンで美しい。ここまでは、グリンツィング駅から徒歩10分程度なので、是非、訪れてほしい。因みに、市内への帰りは墓地前の道を下ってバスでもいいが、頻度も少ないので、グリンツィング駅からトラムで戻る方がいい。

5 トラムとUバーン活用によるまわり方

ここでは、トラムとUバーンを効率的に活用して、トラムの本数が多く、重要ポイントに絞ったまわり方を紹介しよう。

具体的なお話に入る前に、ご紹介の前提と留意点について、一言。

・リング内（1区）は、全て、徒歩圏内なので、ここでは省略します。

・トラムは中心部に近い範囲は、複数路線が同じ道路を走るので、選択肢も複数あります。

・2区は、メイン道路が扇状になっているために、トラムによる路線が少なく、U1で行けるヨハン・シュトラウス記念館以外は、徒歩が中心となります。

・バスも便利ですが、一方通行が多く、停留場が見つけにくいのが難点のため、バスの利用は除きます。

5-1　トラム活用

5-1-1　Schottentor起点

1) 37番、38番

Schottentor駅の地下にあるホームから直角に北方面に走っている37番か38番のトラムで、Währinger str. を進む。地上に出てすぐ左手の美しいボッティーフ教会（188）を眺めながら、1番目のSchwarzspanierstr. 停留場で降り、Schwarzspanierstr. を100ｍ程行くと、ベートーベン終焉の家（200）がある。再び、Währinger str. に戻り、進行方向に進むと右側にモーツアルト最晩年の3大交響曲39，40，41番を書いた住居（191）。そのままWähringer str. を歩くと、左側に、ブルックナーが交響曲2番、4番を作曲した住居（192）がある。そして、大きな交差点Spital G. 停車場で、再び、37番か38番に乗る。Nußdorfer str. に入り、一つ目のCanisius G. 停車場で、下車。

少し戻った東側にシューベルト生家だった博物館（443）があり、この周辺にはシューベルトの幼少時代の重要ポイントがある。ま

ず、更に戻ると建物と建物の間の狭い小路 Himmelpfort stiege を入って行き階段を降りきると Liechtenstein str. に出るので、そこを右折して、直ぐを左折するとその先にシューベルトが洗礼を受けたリヒテンタール教会（447）が見える。シューベルトの胸像（446）と教会を見たら Nußdorfer str. に戻ろう。この通りを横断した Säulengasse に入った左には、シューベルト一家が先程の生家が手狭になり、教育者であった父親が300人の児童教育のために引っ越して来て、18歳のシューベルトが魔王を作曲した現在自動車整備工場になっている家（444）がある。Canisius G. 停車場まで戻り、更に、北上しよう。U6の Nußdorfer str 駅を超えて、次の停車場から、37番がハイリゲンシュタットとマーラーゆかりの地 Hohe Warte へ。38番がグリンツィンガー方面に、分かれる。

まず、37番から先に進めよう。

37番は、少し狭い Döblinger Haupt str. 通りを進むと2つ目の Pokorny G. で下車し、少し歩くと、ベートーベンのエロイカハウス（471）、更に、その先に、ブラームスやリスト来ていたサロンがあったヴィラ（472）が、通り沿いにある。

次の Barwitzka G. 駅で乗車し、5分も乗ると、マーラーの聖地 Hohe Warte。その裏の坂下一帯は、既にハイリゲンシュタットだ。

まず、終点 Hohe Warte で下車。降りてから、道沿いに歩くとすぐ、右手にアルマ・マーラーの実家（475）、その先には、新婚時代に過ごした家（476）やニューヨークから瀕死の状態でウイーンに帰ってきて病院に移るまで過ごした家（477）がある。

そして、そのまま、突き当りまで行くと急な下り階段でそのまま降りるとベートーベンの像（478）があるハイリゲンシュタット公園。または、今来た道を戻り、車の往来がある Hohe Warte 通りから遠くに見えるカーレンベルクのブドウ畑を眺めながら、ミ

ヒャエル教会（479）まで下るのもまたよし。

ハイリゲンシュタットの詳細は、前述したので、ここでは省略します。

次は38番。この路線は、前述の37番とGlatzgasse駅までは、同じところを通り、そこから分かれて、Billroth str.通りに入り、ホイリゲが立ち並ぶグリンツィング方面だ。徐々に登り勾配になり終点がグリンツィングだ。このグリンツィングも19区の項でご紹介した。

2) 40番、41番

このラインの目玉は、フォルクスオーパー（193）とシューベルト公園だが、フォルクスオーパーまでであれば、42番やU6でも行ける。

シューベルト公園は、U6フォルクスオーパー駅をくぐって、2つ目のMartin str.駅で下車し、進行方向に歩いていくと左にシューベルト公園／旧ヴェーリング墓地（452）、ここにはベートーベンとシューベルトが死後初めに入った墓がある。

3) 43、44番

目玉は、ベートーベンの葬儀が行われたアルザー教会（202）だ。Schottentor駅から近い様だが、駅間距離が長いため、絶対、トラムに乗るべきで、2つ目のLange G.で下車し、少し戻るが、すぐわかる。次は、43番に乗ってU6 Alser str.駅の下をくぐって2つ目のElterlein広場で下車。広場のシュランメル兄弟の像（205）を見て、その反対側の奥がヘルナルス教会（212）で、シューベルトが死の6日前に兄が作曲したミサを聴いた教会。

4) Schottentor駅から徒歩で行けるブルックナーの住居

Schottenring通りのリングの外側には、ブルックナー関連ポイン

トが2つある。ホテル・ド・フランス（184）には、よく宿泊した
し、ホテルの先のHess gasseとの角7－9番には、大戦前までリ
ング劇場（185）があった。そのHess gasseを入ると左の建物壁
面にブルックナーの銘板（183）があり、ここで交響曲6番から9
番まで筆を進めた。

5-1-2　ウイーン歌劇場前・ケルントナーリング駅起点

1)　D番

この路線は、ウイーン北端ヌスドルフからショッテントール、リ
ング西側をまわってカールスプラッツ、シュヴァルツェンベルグ
プラッツ経由、ベルヴェデーレ宮殿に向かい南北を縦断している。
ベルヴェデーレ宮殿と上宮にあるブルックナーの家（301）を目的
にする場合、リングに近いレンウエッグ側からも入れるが、ベル
ヴェデーレ庭園が上りになるので、このD線トラムでカールスプ
ラッツから4つ目のベルヴェデーレ宮殿駅まで行き、まず、上宮
入口手前のブルックナー住居（301）を見て、上宮の19・20世紀
絵画館を鑑賞後、庭園に入りウイーンの景観を見ながら、降りて
行った方がお勧めだ。なお、ベルヴェデーレ宮殿駅で下車した時、
いきなり宮殿に向かわず宮殿の反対側のベルヴェデーレガッセを
少し入ったところには、クレメンス・クラウス生誕の家（284）
がある。

2)　71番

中央墓地（356）へは、歌劇場前からだとこの路線しかない。そ
れでも、途中には重要ポイントもあるので紹介しよう。シュヴァ
ルツェンベルグプラッツから6個目のセント・マルクス駅で下車
し、後ろを振り返ると見える教会が、12歳のモーツアルトが孤児
院ミサを自ら初演したマリアゲブルツ教会（359）で、その手前
の交差点左折し、Sバーンを渡ってまた左折して、Sバーン沿いの
坂道を下っていくと右手に、マルクス墓地（357）がある。静か

でどことなく寂しげで、情緒を感じる中央の通りを上っていくと左側の少し入った179番に有名なモーツアルトの墓が、ひっそり立っている。その墓の天使の像は、想像以上に小さく、そのもの悲しい表情を見ると、晩年のモーツアルトの人生を物語っているようで感動的だ。いつもそこには献花が絶えない。

来た道を戻り、先程下車したセント・マルクス駅から更に南下し、11個目の中央墓地第2で下車する。ここが中央墓地（356）正面口だ。トラムに直角なメイン通りを進むと左側すぐに多くの音楽家が眠る32区だ。有名なモーツアルト、ベートーベン、シューベルト、ブラームスは勿論、一つ一つの名前を見ていくだけでも、30分は楽しめる（P183参照）。

3)　1番、62番、WLB

この線は、Wiedner Haupt str.を通るが、カールスプラッツ駅の北側の工科大学前からスタートしよう。工科大学前のレッセル停車場の直ぐ東側の建物が、ドヴォルザークが下宿していた宿（276）で、銘板があるのですぐわかる。このWiedner Haupt str.は、緩い上り坂になるために、まず、トラムで3つ先のヨハン・シュトラウス駅まで行って戻りを歩いたほうが楽。ヨハン・シュトラウス駅下車したら、ヨハン・シュトラウス・ガッセを入ってすぐの4番地が、シュトラウス2世の最晩年の住居（281）、その先に行くと10番地の建物の壁面には、青きドナウの冒頭の音符が描かれている。

Wiedner Haupt str.に戻り、36番地にはシベリウスの学生時代の住まい（278）、32番地はグルック最晩年の住居（269）、更に、戻ると10番地に噴水があるが、ここにモーツアルトの魔笛を作曲した小屋（277）があった。現在は、小屋はザルツブルクのザルツブルグモーツアルテウム音楽院の庭に移設されている。

少し下がると右に小さなモーツアルト・ガッセがあり、魔笛のタミーノとパミーナの噴水（270）が有る。また、この噴水を囲ん

だ一角には、リヒャルト・シュトラウスの住居（272）もある。

4) 徒歩でセセッションとアン・デア・ウイーン劇場

　　セセッション（166）のベートーベンフリースを見たら、Wien-zeile-Friedrichstr. を南下しよう。大きな交差点を渡り、次の角を曲がったところが、アン・デア・ウイーン劇場（258）だ。正面上部の魔笛のパパゲーノの像を拝み、左の壁面には、ベートーベンが住んでいたと記した銘板もある。

　　Wien-zeile-Friedrichstr. を横断すると、有名なナッシュマルクトだ。ここで、一休憩したら、マルクトを横切り Rechte-Wien-zeile str. を渡り、二つ目の左に走る SchkanederG. に入る。7番にあるレストラン・ベオグラード（268）には、リストやワーグナーが常連だった。

　　更に、右折して Mühl G.30番（267）は、ブラームスがよく演奏会を開いていた場所。そして、Kettenbrücken G. と交差する。この通りは3番のエーリッヒ・クライバー生誕の家（266）を見てから、斜め向かいが本命のシューベルト記念館（265）。ここは、シューベルトの兄の家で、息を引き取ったところであり、貴重な遺品も見れるので必見だ。帰りは、今来た道を真っすぐ戻ると、U4の Kettenbrücken G. 駅に出られる。

5-2　Uバーン

　　Uバーンのメリットは、時間が読め、確実なので、遠方に出かける時やコンサートや待ち合わせなどで遅れることが出来ない時に利用する。具体的に見てみよう。

1) U1

　　ステファン教会を中心に南北に走っている。2区ヨハン・シュトラウス記念館（371）は、この線の Nestroyplatz 駅下車で地上に

出たところにあるので、2区をまわるときは、ここを起点にして
廻り、帰りもここから乗ってリング内にもどる。

2)　U2
リングの西側外輪を通っており、Mariahilfer通り、市庁舎、国
民劇場、アウエルスベルク宮殿（249）、ミュージアムクオーター
ウイーンに行くときに便利。

①Babenberger str.駅下車

美術史博物館の反対側にある大きな宮殿作りの建物全体が、
ミュージアムクオーターになっており、その中にレオポルト美
術館がある。クラシック関係では、駅の南側を走るGumpen
dorfer str.にベートーベンの1822年の住居（259）があるくら
いだ。

②Volkstheater駅下車

ミュージアムクオーターの北側を走るBurg G.を登ると、左に
入るBreite G.があり、この先には、ベルクの少年時代の住居
（235）があるが、ここでは入らずBurg G.を直進する。する
と、左にランナーやヨハン・シュトラウス2世が洗礼を受けた
ウルリッヒ教会（239）。次のKirchen G.を右折したところに、
チャイコフスキーとホモ関係があったといわれるコテックの家
（240）があり、その先交差点には、アウグステン像（238）。次
のLerchenfelder str.を右折したところに、ヨハン・シュトラウ
ス2世の生誕した場所（234）。そのまま進むと右に下りの静か
な小路Mechitaristen Gの中ほどに、ランナー生誕の家（243）
もある。

Lerchenfelder str.を直進すると、U2のLerchenfelder str駅。

③Lerchenfelder str駅

Auersperg str.沿いの1番がバラの騎士の舞台にもなったアウ
エスベルク宮殿（249）。その隣の3番が1819年のベートーベン
の家（253）で、ミサソレムニスの一部を作曲した。さらに、進

むと9番に有った病院（254）ではシェーンベルクの妻が入院した。なお、Auersperg str. の東側に入った Bartenstein G には、マーラー全盛期の住居（251）がある。

④ Raths 駅

市庁舎の裏に出るので、表側に回り、市庁舎の前の通り沿いには、ウイーン伝統料理が楽しめるレストラン（169）、カフェ・スルカ（170）があり、その前の市庁舎前公園の南端にはランナーとシュトラウス1世の像（172）も見ておこう。また、市庁舎前の通りを南下し次のブロックには、エドワルド・シュトラウスの晩年の家（173）もある。

3)　U3

マリアヒルファー通りでの買い物や西駅へのアクセス時に利用価値が大きい。

① Neubau G. 駅

この Mariahilfer str は、ショッピング街で価格もリーズナブルだ。

まず、マリアヒルファー教会（401）前のハイドンの立像と Nelken G. との角にヨーゼフ・シュトラウスが生まれた家（402）がある。

② Ziegler G. 駅

この駅から南方面に下ったところの Haydn G. にある、ハイドンの家 / ブラームス記念館（409）が目玉。ここは、ハイドンの終焉の家で、晩年の名曲が生まれた。近年、ブラームスの遺品もここに移され記念館となっており、展示物も充実している。次は、更に南下すると Gumpendorfer str. にでるが、109番にあるグンペンドルファー教会（410）もハイドンの葬儀が行われた場所としても重要だ。ここまで、南下したら、U4の Pilgramgasse 駅や Margaretenguertel 駅も近い。

4) U4

ハイリゲンシュタットやシェーンブルン宮殿のあるヒーツィング
エリアは、トラムより、早いし、確実なので利用価値大きい。
特に、ハイリゲンシュタット詣の場合は、U4でハイリゲンシュ
タット駅で下車し、バス38Aが早いし、そのまま乗っていれば終
点がカーレンベルクの丘の頂上まで行けるので、そこからドナウ
川やブドウ畑の向こうに広がるウイーン平野が一望できる。

5) U6

なんといっても、フォルクスオーパーでのオペレッタ観賞時は、ト
ラムより安心して確実なので利用する価値大。また、21区Florids-
dorfにあるベートーベン博物館（507）に行くときには、ドナウ
川の本流を渡るので、車窓から下を流れるドナウ川本流の大きさ
を実感できる。

6　ウイーン近郊

　ウイーン郊外にも、行きたい場所が点在する。史跡ポイント数と交
通の便を考えるとバーデン、アイゼンシュタット、メードリンク。ハ
イドンファンなら、ローラウ。ブラームスファンなら、ミュルツツー
シュラークは是非行ってほしい。オペレッタファンならメルビッシュ
まで足をのばして、湖上の野外ステージでのこうもりやメリーウイド
ウは格別だ。それでは、エリアごとに、ポイントを紹介しよう。

6-1　コンスタンツェやベートーベンが治癒で訪れた温泉地
　　　バーデン

　ここは、モーツアルトの妻コンスタンツェやベートーベンが療養のためにしばしば滞在しに来た温泉地だ。旧市内は、半日もあれば十分の町だ。
1)　アクセス
　①Ｓバーン（S1,S2）
　　Wien Mitte駅地下から、ほぼ1時間間隔で、約45分。バーデン駅が町中心部からやや離れているが、乗っている時間が短く正確なため途中のMödlingも訪問に組み込みたいときには、利用価値あり。
　②トラム（WLB）
　　歌劇場前の交差点（歌劇場の斜め反対側）から、1時間間隔で、約1時間。バーデンの中心が終着駅だし、途中のウイーン平野の南に広がるブドウ畑を眺めながら走るのでお勧め。

2)　主な見どころ
　　トラム、バスの場合は、町の入口のヨーゼフ広場に着く。
　①街の中心部
　　下車したら右側のフラウエンガッセを進むと直ぐ左側に、1822年10月頃献堂式の初演を終えたベートーベンが滞在した家（525）があり、更に進むと町の中心ハウプト広場。
　　ペスト塔を進んだ右のプファールガッセからは反時計回りにポイントのみ紹介しよう。
　　・サン・シュテファン教会（518）は、モーツアルトのアベムルクコルクス初演の教会。入口を入って直ぐ左壁面に、譜面のコピーがある。
　　・その先のベートーベンハウス（516）は、1822年にここで序曲献堂式を作曲した宿舎。

・クアパークは登っていくと、ヨハン・シュトラウス1世とランナーの銅像（520）。

・右の小路を更に登っていくとベートーベン聖堂（522）。一度戻り、中央を登っていくとモーツアルト聖堂（521）があり、ここからバーデンの街並みを展望して、西側に下っていくと、アレナー劇場（523）、その下にはカジノとプールが見える。

・Theresien gasse を南下して、直ぐの Renn gasse には、モーツアルトがアベムルクコルクスを作曲した家（524）がある。

・更に、南下して Rathaus gasse には、バーデンのもう一つの目玉のベートーベン博物館（514）。ここで、第9の筆を進ませた。展示物も充実している。

・その先の左側には、当時、ホテルと思われる大きな建物（515）が有る。その建物の2階の高さに、2つの銘板がある。左側は、シューベルトが1828年1月3日滞在して、オルガン曲を作曲したとあり、右側は、ヨハン・シュトラウス1世が1876年7月7日に滞在し演奏したとある。

② Kaiser-Franz-Joseph-Ring str から南側のポイント

広いメイン通りの Kaiser-Franz-Joseph-Ring str を南側に渡り、静かな川を渡るとリング交差点がある。その右側の Weilburg str. を進むと左側の広場に、ベートーベンの胸像があるが、その背後に広がる大きな建物は、以前は有名なホテル（526）で、モーツアルト、ベートーベン、ゲーテも泊まったところだが、近年、閉館された。一方、先程のリング交差点を左（東側）の Braitner str. の先にも、ベートーベンが泊まった家（527）がある。

③ S バーンのバーデン駅周辺

駅前の広場に面して、ミロッカーの終焉の家（528）と並んでツィーラーの晩年過ごした家（529）がある。

6-2 ハイドンが活躍したアイゼンシュタット

　ハイドンファンであれば、多少、ウイーン市内の時間を減らしてで
も、訪れてほしい町だ。中心は、なんといっても、エステルハージー
宮殿とハイドンハウスだ。

1) アクセス

　ウイーン中央駅（Wien Hbf）バスセンターからのバスの利用を
お勧めしたい。バスの車窓から覗けるウイーン郊外の風景は、格
別だ。1時間半弱で終点のアイゼンシュタットに着いたら、必ず、
帰りのバスの時刻をメモしておこう。

2) 観光ポイント

　まず、エステルハージー宮殿（533）に直行して、内部見学ツアー
の開始時間を調べてから、それ以外のポイントのまわる順番を決
めよう。具体的には、内部見学ツアーは、シーズン、団体ツアー
客の混み具合により、すぐ入れない場合がある。そのために、着
いてすぐの時間がとれれば、即入れればいいし、混んでいるよう
であれば、待ち時間に他を回るために、1～2時間後のツアーをと
ろう。

　次は、ハイドンハウス（535）。ここには、彼のエステルハージー
宮に勤めていた時代の興味深い資料が展示されているし、当時の
彼の生活の雰囲気が味わえる。

　そして、今来た道を戻ると宮殿の先の交差点の向こうにリストの
像（534）を発見してビックリされるだろう。彼の父親が宮殿で
働いたためここに建てられたそうだ。この交差点を右折した先に
見えてくるのがベルク教会（536）。ここの地下には、ハイドンの
棺が納められていて、感慨深い。

　以上の3つのポイントを見たら、帰りのバスの時間を気にしなが

ら、ハイドンの小屋というか作曲時時々閉じこもった吾妻（537）
を覗いて帰ろう。

6-3　ベートーベンが好んだ避暑地メードリンク

　アクセスとしてはＳ１かＳ２で行くことになるが、メートリング駅
を下車すると鉄道に直角に走っているHaupt通りを10分程歩くと中
心部に入る手前のＴ字路の角に、重要ポイントのベートーベンがハン
マークラヴィアソナタを作曲したハフナーハウス（509）がある。さ
らに進むと町の中心部に出る。市庁舎を見たら、Haupt通りの先に
走るEnzersdorf通りを進み、Y字路を左折し、次のY字路をまた左
折するとFuersten通りの直ぐのところに、ウエーベルンの晩年から
終焉を迎えた家（511）がある。次は、今来た道を戻り、ベートーベ
ンのハフナーハウスを右折してBad通りを南下したところに流れる
メードリンク川を渡った直ぐの道を左折したところには、ベートー
ベンがミサ・ソレニムスの作曲を開始した家（510）があり、更に、
Bad通りを南下し、通りとの交差点を右折した先には、シェーンベル
クが十二音階技法を確立した家で記念館になっている家（512）があ
る。戻りは、先程のメードリンク川沿いに歩けば、15分ほどで駅が
見えてくる。

6-4　ハイリゲンクロイツ修道院と"うたかたの恋"の舞台
　　　マイヤリング

　これらはメードリンクからのバスでも行けるが、バス停の場所が分
かりにくいし、本数も少ないため、お薦めなのは、ウイーンから地
底湖ゼーグロッテ（Seegrotte）見学も含めた現地のバス半日ツアー
だ。非常に効率よくまわれる。ツアーの中でも、ハイリゲンクロイツ

の礼拝堂にあるシューベルトやブルックナーもよく演奏したオルガン（513）やルドルフ皇太子がマリーと心中したマイヤーリンク修道院教会（508）は印象に残る。

6-5　ハイドンの故郷ローラウ

　アクセスは、バス本数が少なくやや不便だが、ハイドンファンにはここの博物館は重要だ。Wien Haupt駅から、REXでBruck/Leitha駅でバスに乗り換える方法と、Wien Mitte駅からPetronell-Cänsemdorf駅でバスに乗り換える方法があるが、どちらも約1時間半だ。どちらも最寄り駅からのバスの本数が少ないので、事前によく比較検討しておくべきと思う。ハイドンの生家である博物館（531）には、当時の使っていた生活雑貨やあの几帳面な譜面などが展示され、中庭には使っていた井戸と共に胸像があり、ハイドンファンには一生の思い出となろう。

6-6　ブルックナーが演奏した大オルガンがある
　　　クロスターノイブルク

　ウイーン市内からは、U4でハイリゲンシュタットで239番のバスに乗り換えるか、Sバーンで行ける。ポイントは、ブルックナーが演奏したオルガンがある大聖堂（540）。

6-7　ブラームスのピアノ協奏曲2番を作曲したプレスバウム

　ウイーン西駅からS-バーンで、20分のTullnerbach-Pressbaum駅から、徒歩20分程度で、ブラームスがピアノ協奏曲2番を作曲し

た家（541）がある。戻りは、徒歩でもいいが、タイミングが合えば Jahaness Brahms Gasse バス停から、5分で駅に戻れる。

6-8　ブラームスの交響曲4番を生んだミュルツツーシュラーク

　ミュルツツーシュラークはウイーン・ミッテ駅から1時間半前後で行ける。アクセスはSバーンの中でも有名なセメリンク鉄道で、途中のセメリンク駅に停車した時は、進行方向右側の広場のセメリンク鉄道建設の慰霊碑を車中から見ておこう。そして、このまま乗車し10分位のミュルツツーシュラーク駅で下車する。

　小さい駅で少し不安になるが、現地の人が歩く方向について坂を下って行くと直ぐ町が見えてくる。町の商店街の一番奥にブラームス博物館（556）がある。

　ここの博物館は、ブラームスの当時の服装や日常品が展示されており、内容も充実している。ただし、見学者が少ないため、普段入口ドアが閉まっており呼びベルを押さないと係の人が来てくれない。

　次は、交響曲第4番の構想を練った、ブラームス散歩道を歩くのが絶対お勧め。猪の案内板に沿って1時間程での散策は、途中の美しい景色（557）が、忘れられない。

6-9　シューベルトが立ち寄った美しい街並みの
　　　　ザンクト・ペルテン

　シューベルトが、立ち寄った美しいバロック建築が立ち並ぶ街。チェックポイントがRathausplatzとDomplatz周辺にまとまっていて、シューベルトがショーバーと宿泊してシューベルティアーゼを開いた家（559）を見たら、その周辺を散策する。2時間あれば十分。

6-10　ベートーベンの弟の館とケッヘルの故郷クレムス

　ここは、3時間は欲しい。ハイライトはGneixendorf地区のベートーベン関連史跡だが、駅から遠いので、タクシー利用となる。但し、タクシーはそこで返さないで待ってもらうこと。そこには、ベートーベンが最後の弦楽四重奏曲を作曲したベートーベン博物館（546）と立派な弟の館（548）があり、Gneixendorfer Haupt通り沿いには記念碑（547）がある。

　中心部に戻ると、モーツアルトの作品を整理したケッヘルの生家（553）やマーラーの娘が結婚した相手のクレネックの博物館（551）がある。また、なんとリストの母親の実家（552）もある。

6-11　シューベルティアーゼの雰囲気が味わえる
　　　　アッツェンブルク

　ショーバーの叔父が管理していた館で、現在シューベルト博物館（545）になっておりシューベルトファンには重要ポイントの一つ。ここでは、今でもシューベルティアーゼ的ミニ演奏会が時々開かれている。

　Atzenbrug 駅から徒歩で20分で、館のまわりで見るポイントもないので、ここはザンクト・ペルテンやクレムスとの組み合わせで計画することをお勧めしたい。バスだと本数が少ない。

6-12　モーツアルトが父レオポルトを最後に見送った
　　　　プッカースドルフ

　モーツアルトとコンスタンツェが、ザルツブルクに戻る父レオポルドを見送ったところ（542）。ここでのお別れが、父との最後のお別

れとなる。はっきりした場所は特定できないが、小さな駅前の商店街を抜けたところの国道沿いに大きな郵便局があり、当時は郵便局が馬車の停車場・休憩場所だったので、ここの写真を載せた。

6-13　湖上オペレッタが楽しめるメルビッシュ

　夏にはコウノトリで有名なルスト（544）で、有名な地元ワインを飲んでからメルビシュの湖上屋外劇場（543）でオペレッタを見てから、ウイーンに戻るのがお勧めルート。また、時間が有れば、ノイジートラー湖の周遊船に乗り、世界遺産にもなっている自然を満喫するのもいい。

　しかし、アクセスは不便だ。ルストまではウイーンからバスが有るが、ルストとメルビッシュ間は足に自信のある方はいいが、車が欲しい。そのため、メルビッシュのオペラのみ目的であれば、ウイーン発の観光バスツアーがいい。

7　博物館巡り

7-1　モーツアルト（フィガロハウス＝63）

　シュテファン教会の裏と行きやすい。館内も興味深いものも多く、また、ウイーン市内にある作曲家の博物館の中では、お土産になる小物の品数が多い。

　ただし、シュテファン教会に近いせいか、時間帯によっては、団体客がドッと入ると混雑して騒がしさで、静かに遺品を見ながらモーツアルトを偲ぶどころでなくなってしまうのが難点か。朝一番か、夕方がお勧め。なお、音声ガイドがあるが、各ポイント当たりの説明が長

いのは考え物。

7-2　ベートーベン

1)　ベートーベン記念館（181）
　　フィガロハウスに比べると場所がわかりにくいのか、団体客も少なく比較的空いている。ここでのお勧めは、窓からリング通りを眺めながら、当時、この通りにあった城壁とその向こうに広がるブドウ畑や人口増加に伴い、新興住宅地が広がりつつあった風景をベートーベンになった気分で、思い浮かべて欲しい。展示物は、この場所で多くの名曲が生まれただけに、それらの名曲の自筆譜面（コピーだが）やデスマスクや日用品の小物がある。

2)　ハイリゲンシュタット遺書の家（481）
　　遺書を書いた家として有名だが最近この説が疑問視されつつある。しかし、クラシックファン向けの展示物に工夫が見られる。むしろ、ここまで来たらもう少し奥まで歩き、ベートーベン小路を歩いて欲しい。そこには、まさに田園交響曲の第2楽章が自然に口ずさみたくなる。
　　ただし、道沿いの片側は、住宅地になっているために、そちらを見ながら歩くと興ざめになる。その小路をしばらく歩くにつけ、だんだん住宅が少なくなり、雰囲気が出てきはじめたところに、ベートーベンの胸像（482）があなたを迎えてくれる。

3)　エロイカハウス（471）
　　トラムで行くしかないが、場所は判りやすい。窓が少ないせいで薄暗い印象。展示物はハイリゲンシュタット周辺の当時の風景画や手紙、筆談メモが有るが、内容は今一つ。また、最近の研究では、ここで本当にエロイカシンフォニーを書いたかについて、疑

問の学説（461）も出ている。

4）　エルディティ邸（507）
　　彼の支援者だったエルディティ邸で、現在、博物館とミニコンサートも開かれている。しかし、交通の便という意味では一番悪い。U6でFloridsdorf駅でバス36Aに乗り換え、Jenewein下車徒歩3分。また、内部見学は、事前予約要。

7-3　シューベルト

1）　生家で記念館（443）
　　生家であり、幼少の時代をすごした家で、博物館としても充実している。また、この周辺にシューベルト所縁の場所が点在しており、シューベルトファンには必見の場所だ。彼の愛用の眼鏡が印象に残る。

2）　終焉の兄の家（265）
　　市内からやや離れており、便は悪いが一見の価値ありだ。ここは、最晩年に兄の家に転がり込み梅毒と戦いながら体力が徐々に落ち込みつつある時期に住んだ家で、なにか暗いイメージの室内を見ていると、彼の弦楽六重奏曲のアダージオが、浮かんできて感慨深い。

7-4　ハイドン

1）　ブラームス記念館を吸収したハイドン博物館（409）
　　ハイドンの終焉の住居で6区にあり、西駅から徒歩が分かりやすい。ウイーンになじみ深いが時代も違う二人の博物館としては、ウ

イーン市内唯一のものでそれなりに興味深い。中庭も情緒がある。

2) アイゼンシュタットの博物館（535）
前述ウイーン市内の博物館（409）よりは展示物も多く、アイゼンシュタット時代に作曲した楽譜（勿論、コピーだが）からは、彼の几帳面さが伝わる。

3) 生家だったローラウの記念館（531）
不便な場所にあるため、時間に余裕のあるときでないとお勧めしがたいが、生家だったために、当時の生活環境が垣間見られる。

7-5　ヨハン・シュトラウス（371）

　ここは、お勧めだ。交通の便もいい。U1に乗って、Nestroy Pl.駅下車し、地上に出てきたら目の前にある。内容も充実している。これは、シュトラウスが他の作曲家に比べると時代が新しいせいか遺品も多く残ったせいだろう。美しき青きドナウを作曲した部屋で、当時の生活用品も展示され、貴重な当時の写真類やデスマスクは興味深い。特に、彼自身が弾いたヴァイオリンを眺めていると、彼が顎にヴァイオリンを挟み、さっそうとウインナワルツを弾きながら指揮している姿が思い浮かべられる。

7-6　ブラームス

1) ハイドン博物館（409）の中にあるウイーン市内唯一のブラームス記念室
ブラームスは生前、ハイドンの譜面を収集しながら彼の音楽を学んでいた。そのため、カールスガッセの住居（294）にあった遺

品の中の多くがハイドン関連の資料だったために、1980年、この
ハイドン終焉の家にブラームス記念室として吸収され併設された。

2) 交響曲4番を作曲したミュルツツーシュラークのブラームス博物
館（556）
1884年と85年の夏に滞在し、交響曲第4番の作曲に励んだ家が博
物館になっている。内容も充実しており、興味深い。しかし、こ
こまで来たら、是非、ブラームス小路を散策して美しい田舎風景
を堪能してほしい。第4番のメロディが思わず浮かんでくる。

7-7　音楽の家（57）

　ここは、リング内にあり行きやすいし楽しい場所だ。2000年に開
館し、ウイーンの歴史概要からウイーンで活躍した作曲家、指揮者、
オペラ歌手にいたるまで、浅く広い範囲でクラシック音楽ファンに興
味深いものが展示してある。中でも、人気なものは、ウイーン・フィ
ルのメンバーの前で、指揮台にたったつもりで、ラデツキー行進曲を
指揮するとそのテンポにあわせて演奏してくれるコーナーだ。また、
出口手前にあるショップには、CDをはじめ、クラシックファンの心
をつかむミュージックグッズがあり、見ているだけでも楽しい。

8　ウイーン音楽史上の2つの転換期を追って

　音楽史の上で、節目となった時期にスポットを当て、当時ウイーン
で活躍していた作曲家の住居と生活を横断的に見ながら、タイムス
リップしてみよう。（186ページの年表参照）

8-1　1824年から1828年までの5年間

　この時期に、ウイーンに住んでいた主な作曲家は、サリエリ、ベートーベン、シューベルト、ヨハン・シュトラウス1世で、古典派からロマン派への移行期だ。

1)　1824年

　ベートーベンは既に54歳、シューベルトは27歳、ヨハン・シュトラウス1世は20歳、サリエリに至っては74歳になっていた。

　ベートーベンは、ウンガーガッセの家（342）で、昨年バーデン（514）から取り掛かっていた交響曲第9番の仕上げに没頭していた。そのころシューベルトは、スチューベンバスタイのフーバーの下宿先（59）にマイルホーファーと転がり込み室内楽の作曲に目覚めていた。そして、夏季には、ベートーベンは、バーデン（519または530）で、弦楽四重奏曲12番の作曲を、一方、シューベルトは、ハンガリーのジェリスのエステルハージー家の別荘に5月から10月まで音楽家庭教師に出かけた。一方、この年の夏は、痛風と視力低下に悩まされていた74歳のサリエリ。また、20歳のヨハン・シュトラウスが、ランナーとの共同生活（263）をしながら、ランナー楽団に加わり始めていた。

　秋に入り、10月下旬にウイーンに戻ったシューベルトは、当時の実家（196）に翌年の1月まで身を寄せる。この時は既に梅毒が進み、時折、鬱病の発作も起こっていた。11月には、ベートーベンがヨハネスガッセとケルントナー通りの角の家（22）に戻り、バーデンで取り掛かった弦楽四重奏曲12番の仕上げにかかった。

　一方、ヨハン・シュトラウスはアンナとの関係が深まり、シュトラウス2世を身ごもることになる。

2)　1825年

　ベートーベンは、年初からのロンドン招聘交渉が不調に終わり、4月には腸炎にかかり、甥カールが大学を辞め商業学校に変わったころから、カールに対する干渉が強くなり益々関係が悪化してい

く。

シューベルトは、2月に隣にシュヴィントが住む下宿（298）に移り、楽譜の出版も軌道に乗りつつあり、シューベルティアーゼも毎週開かれ充実した毎日がおくれていた。

5月に入ると、7日にサリエリが75歳で自宅（65）でひっそり眠りについた。映画モーツアルトの中では、精神病院で最晩年を送った演出になっているが、最近の研究では、自宅での死亡説が出ている。因にこの家の隣がショーバーの家で、シューベルトが未完成を仕上げた家（64）だ。そして、シューベルトは、同じ5月から10月までフォーグルとシュタイヤー経由ザルツブルグへの旅行に出る。この期間は交響曲第9番やリートも書くなど、梅毒症状や鬱病も比較的落ち着いていたようだ。ウイーンに戻ってからは、旅先で書いたリートをシューベルティアーゼで披露しながら充実した日々を送った。

ベートーベンは、夏季に昨年と同様バーデン（519または530）に避暑に行き、弦楽四重奏曲13番（op130）に着手した。そして、10月15日に本人にとっては、ここが終焉の地になるとは知る由もなくシュヴァルツシュパニアーハウス（200）の3階の南側の部屋に戻る。ここからは、今では目の前にあるヴォティーフ教会（188）がまだ建設されていなかったため、シュテファン教会が望め、景色もよく、彼にとってはここでは、ほとんど聴力が無くなった状態でも弦楽四重奏曲第13番（op130）の仕上げと15番（op132）に没頭する。

一方、ベートーベンがウイーンの戻った10日後の25日には、レルヒェンフェルト通りのアパートの一室（234）で、後にワルツ王になるシュトラウス2世が誕生した。当時、21歳のシュトラウス1世は、ここで新婚生活を送りながらヴァイオリンとピアノを教えていたが、長男が生まれるや生活のために指揮者生活に注力し、自分の楽団をもつことを決心することになる。

なお、この年25年は、バイエルンのルートヴィヒ1世が即位した

り、イギリスに鉄道が敷設されたり、次世代への舞台作りが始まった年でもあった。

3) 1826年

26年に入るとベートーベンは、激しい腹痛と視力低下も進み、体調が芳しくなかった。そのためか、昨年まで毎年バーデンに避暑に行っていたが、この年は行かずウイーンにとどまっていた。しかし、この年の春は甥カールの事で、目が離せられずに避暑に行くどころではなかったのが実情のようだ。こうした中、7月30日甥カールがピストルによる自殺未遂事件をおこす。そのため、8月から9月の2ヶ月は、カールの病院、警察による取り調べで落ち着かなかった。こうした心労したベートーベンを心配した弟ヨハンが、クレムスにある自分の農場（548）に、カールとベートーベンを招待した。そして、二人は、9月28日から12月1日までここで養生することになった。帰路は、極寒の中、牛乳運搬馬車で帰ることになり、高熱と悪寒を伴う肺炎を発症する最悪の状態を迎えた。更に、ウイーンに戻ってからは、強い黄疸症状も現れ、腸と肝臓に激痛が走り、12月20日には、第1回目の手術が行われ、その後も腹水を抜く手術が行われる中、年が明けることになる。

一方、シューベルトは、昨年から住んでいる下宿（298）からシューベルティアーゼの会場に提供されたシュパウン家（179）、3姉妹が中心となったフレーリヒ家（180）、10月から移り住んだショーバー家（150）には、毎週通っていた。特に、12月15日にシュパウン家で開かれた時は、40名近くのファンが集まり、その時の様子を描いた絵は有名だ。また、この年には居酒屋での演奏する機会も多く、その中でも居酒屋"ビアザック（451）"には足しげく通い、7月にはここでセレナード（D-889）を作曲している。

4) 1827年

1月2日には、ベートーベンの甥カールは軍隊入隊のために旅立った。一方ベートーベンの病状は悪化する一方で、重体の噂がウイーン中に広がる。そして、3月からショーバー家（135）に転がり込

んでいたシューベルトの耳にも入り、3月初旬には見舞うも、24日から昏睡状態となり、26日午後5時45分永遠の眠りに着いた。29日の数千人の葬儀（202）の列の中にシューベルトも参加した。シューベルトにとって、ベートーベンの死の衝撃は大きく、次は私の番だという気負いと梅毒病による自分の死への不安が混ざり、その反動からか精力的な創作活動がなされた。特に、6月には、ウィーン楽友協会の理事に推挙され、オーストリア女帝館（220）に滞在し、2月から取り掛かった”冬の旅”に注力する。また、グラーツへの旅行から帰ってからの秋からは、ピアノ三重奏曲（D-929）他室内楽に取り組んだ。

一方、シュトラウス家（402）には、8月20日に次男ヨーゼフが誕生している。

5) 1828年

この年の前半のシューベルトは、自分の死が近づくことを意識していたかの様に3月26日の自身最初で最後になる楽友協会ホール（136）での作曲リサイタルに向けて、多くの名曲を生み、出版された。6月2日にはバーデン（515）で、オルガン曲（D-952）を作曲し、翌日ハイリゲンクロイツ僧院（513）で披露したが、これが最後の遠出による演奏になった。この頃から、病気がちになり、体力の急激な落ち込みに自信がなくなり、9月1日に兄の家（265）に居候することになる。

兄の家に移ってからも、弦楽五重奏曲（D-956）、最後のピアノ・ソナタ3曲（D-958,959,960）を作曲し、10月には兄とアイゼンシュタットのハイドンの墓（536）を参ったり、11月3日には兄が作曲したレクイエムを聴くためヘルナルス教会（212）に出かけ、翌日4日には、後のブルックナーの師でもあったゼヒター邸（16）でレッスンを受けたり、体調を取り戻した。しかし、10日後の14日には病状が急変し床に着く。そして、19日午後3時に、短い人生を腸チフスで閉じた。

6) その後

こうして、ウイーンでは、ベートーベン、シューベルトという一時代を牽引した2大音楽家が世を去り、次の世代であるブルックナー、ブラームス、シュトラウス2世が活躍する1860年代までの約30年間は、シュトラウス1世とランナーが中心になっていく。

8-2　1829年から95年までの約70年間

この間のウイーンの社会環境は、大きく変化する。具体的なトピックスは、1837年蒸気機関車出現。48年3月革命。57年城壁を解体し、リング通り建設開始。65年リング開通。73年ウイーン万博。株式暴落があり、人口も30万強から180万と6倍となった。そのため、ベートーベンの時代は、特にリングの内側（現在の1区）は、不動産バブルで不動産屋や大家さんの力が強く、このことが、ベートーベンの転居数の多さや、シューベルトの居候癖にも影響を与えていたと思われる。それに比べ、後述するブルックナー、ブラームス、シュトラウス2世が活躍する80年代には、既に、リングの外側には住宅も増えるだけでなく、広い土地があるため、演奏会場やダンスホールも出来、活躍の場が広がった。また、不動産バブルも落ち着いたために、彼らも転居する必要もなくなり、一か所に落ち着く住まいとなった。一方、鉄道の出現、発展により、演奏旅行、避暑などの遠出ができる環境になった。特に、ブラームス、シュトラウス2世は、欧州中を演奏旅行して活躍の場所が広がった。

8-3　1895年—1899年までの5年間

この期間は、ブルックナー、ヨハン・シュトラウス2世、ブラームスらの全盛期を終えた最晩年から、マーラーがウイーンで活躍し始め、次の3人の新ウイーン楽派へ引き継いでいく節目になる時期である。

1) 1895年

　　ブルックナーは、1877年から教壇に立っていたウイーン大学にも
近い、ヘスガッセのアパート（183）の最上階に住んでいた。こ
こでは、交響曲8番まで完成し、95年は、9番の作曲に取り組ん
でいた時期だ。しかし、この時既に71歳、3年前からの心臓病で
かなり弱ってきていた。エレベーターなどないアパート暮らしに、
この体調を心配した皇帝フランツ・ヨーゼフが、7月にベルヴェ
デーレ宮殿上宮の隅（301）に、住居を提供してくれたため、そ
こに移る。

　　ブラームスは、1872年からカール教会に隣接するカールスガッセ
に住居（294）を構えるも、この時期は、ウイーン以外での活動
で忙しく、留守にする時間の方が長かった。具体的には、95年は、
1月から3月までドイツ、5月バート・イッシェル、9月グムンデ
ンからマイニンゲン、10月チューリッヒに出る。62歳のブラーム
スは、まだまだ、精力的に動き回っていた。

　　一方、ヨハン・シュトラウス2世は、70歳になって、3番目の妻
アデーレとの生活も8年目を迎え、高級住宅街になっていた静か
な4区の家（281）で、穏やかな老後を送っていた。そうした中、
時々この家でパーティを開き、招待した仲間にピアノを披露した
り、ビリヤードすることが、唯一の楽しみだった。作曲の方は、オ
ペレッタから遠のく客足の歯止めのために、93年から毎年1本の
ペースでオペレッタを世に出し、95年の"くるまば草"には期待
したが、客離れは深刻だった。

2) 1896年

　　ブルックナーは、持病であった心臓病と循環器系疾患のため、こ
の時期は車椅子生活を余儀なくされていた。こうした中、1月に
長年傍で彼の面倒を見ている妹に、車椅子を押してもらい、自作
の交響曲第4番の演奏会に出かけるが、これが最後の演奏会への
外出となる。そして、6月には肺炎となり、自分の死が近いこと

を意識しだし、弟に遺言を書くことになる。そのため、すでに取り掛かっていた交響曲第9番の作曲も体調に合わせて進めざるを得ない状況になっていた。

ブラームスは、昨年と同様、ウイーン以外を飛びまわっていた。1月ベルリン、2月ライプツィッヒ、5月には、避暑で毎年滞在するバート・イッシェルで、クララの他界の知らせを受ける。動転したブラームスは、急遽、クララの元へ駆け付けボンでの埋葬に間に合うことができた。しかし、このショックと長旅の疲れがいっきに出て、6月に入ると、肝臓病による黄疸が出始め、体調不良の毎日を送ることになった。そのため、医者の勧めで、9月初旬にはカールスバートの鉱泉飲の治療に出て10月2日に戻り、9日後の11日にブルックナーの死を知るのだった。享年72歳当時としては、長寿を全うした人生だった。そして、14日にはブラームスは、自宅（294）の反対側のカール教会（289）で執り行われたブルックナーの葬儀にも参列した。

一方、ブルックナーより1歳若いシュトラウス2世は、71歳であったが、例年のバート・イッシェルへの避暑以外は、家（281 ）で平穏な老後生活の毎日を送っていた。

この様に、ウイーンにおける3大作曲家が、最晩年を送っている時期に、次の世代の足音が聞こえだしてくる。36歳のマーラーと同年のヴォルフである。マーラーは、当時、6年間活躍してきたハンブルク市立劇場楽長から、ウイーン歌劇場常任指揮者への道が開かれようとしていた。しかし、ヴォルフの方は、この年に梅毒症の再発で体調不良の毎日を送りながら、4区のアパート（297）に籠りオペラでひと花咲かせようと作曲に取り組んでいた。

3) 1897年

病状が悪化するブラームスを、新年早々に、ドヴォルザークが近くの定宿（276）から見舞いに来たり、他にも著名人が見舞いに訪れていた。3月7日には、自分の交響曲第4番の演奏会に、出向いたのが最後の演奏会となった。そして、この直後に容態が急変

して、ついに、4月3日朝、帰らぬ人になった。享年64歳。

一方、数日後の4月8日にマーラーがやっとウイーン歌劇場の楽長職を手に入れ、15日に正式契約を結び、1区のバルテンシュタイン（251）に住んで、ウイーンでの活躍がスタートした。まさに、この年の4月は、ウイーン音楽界の時代の区切りのタイミングだった。

そして、5月11日のマーラーのローエングリーンによる就任披露は大成功を収め、その後、彼の全盛期を迎える。こうした彼の眼を見張る活躍に、かつて学生時代には、同居もして一緒に音楽の勉強を励んでいたヴォルフが、オペラ "お代官様" の上演をマーラーに9月18日直接願い出るも、相手にしてもらえなかった。その為、ヴォルフは気が狂い、9月20日には精神病院（354）に入ることになる。10月8日には、マーラーはウイーン歌劇場監督へ昇格して、益々精力的に仕事に没頭していく。

4）1898年

マーラーは、2月にバルテンシュタイン（251）から、レンウエッグのオットー・ヴァーグナーが建てた広い家（363）に移る。ここから、仕事場である歌劇場や楽友協会ホールまで徒歩でかよった。また、この時期から、仕事の合間をぬって、痔で病院（466）通いを始める。この年の仕事は、ワーグナーをはじめ新演出のオペラをはじめ、9月24日にウイーン・フィルの首席指揮者にも就任したため、秋からはオーケストラ曲を集中的に指揮した。一方、ヴォルフは、こうしたマーラーの活躍に対する思いと梅毒症状が改善されない自分に失望し、10月にはトラウン湖で自殺未遂をおかし、州立精神病院（207）に入ってしまう。

5）1899年

マーラーは、3月までは、ウイーン・フィルの定期公演で、ベートーベンやブルックナーの交響曲を取り上げ、シーズンオフの夏には、ヴェルター湖畔のマイヤーニッヒに出かけ、交響曲第4番の作曲に着手する。

一方、シュトラウス2世は、5月に念願の宮廷歌劇場で"こうもり"が取り上げられることになり、当日、指揮台に立った73歳の老人シュトラウスにとっては、序曲の指揮しか体力は残されていなかった。そのまま、帰宅して床について、6月3日午後4時15分妻アデーレの看病の甲斐もなく、肺炎で旅立った。

マーラーは、ウイーンに戻ってからは、ニュールンベルクのマイスタージンガーのウイーン初演の準備に入り、11月26日この初演を果たす。

8-4　その後

　マーラーは、2年後の1901年11月7日にアルマと出会うことになり、10年後の1911年には世を去る。また、1903年2月22日には、ヴォルフが入院先の病院で死去する。一方、オペレッタの文化は、ツィーラー、レハールに引き継がれ、新ウイーン楽派のシェーンベルク、ウエーベルン、ベルクの3人組の活躍する時代を迎えることになる。

第2章　史跡データーベース

　この章では、ウイーンおよびその近郊におけるクラシック音楽関連の史跡を、住所録としてデーターベース的にまとめた。

　そのため、観光ガイドブックや専門書と異なり、各ポイントの解説は簡略化し、索引を住所別、関係者別、重要度別の3部構成にして充実させた。

　活用例として、

1)　現地で観光でまわる時、各有名ポイント、例えば、歌劇場、シュテファン教会、グラーベン等で立ち留まった際、周辺の道路名を見つければ、住所索引からその道路（str.＝シュトラッセ＝通り、G＝ガッセ＝路地）の中から、興味あるポイントへ、足をのばせられる。

2)　お目当ての作曲家がいれば、関係者別索引から、あらかじめポイントを選択しておき、google mapで場所を調べ地図に印をつけておけば、効率的なルートが検討出来る。

3)　各ポイントの解説欄に記載してある年数から、作曲時期がわかればここで、あの名曲が生まれたんだと名曲が身近なものになる。

4)　186ページにウィーンに関係した代表的な作曲家の年代表を付けたのでこれを活用して欲しい。例えば、何歳の時期かとか同時期にウイーンに住んでいた他の作曲家がわかり、妄想が広がる。

データーシート本文の見方

重 要 度　☆印（重要度索引ではA〜E）で、5段階で評価してあります。
整理番号　各ポイントの整理番号
関 係 者　1）シュトラウス名は、STRで表記してあります。

　　　　　　　　例：STR-Ⅰ===ヨハン・シュトラウス1世
　　　　　　　　　　STR-Ⅱ===ヨハン・シュトラウス2世
　　　　　　　　　　STR-JOSEF==ヨーゼフ・シュトラウス
　　　　　　　　　　STR-RICHARD==リヒャルト・シュトラウス
　　　　　　　　　　STR-OSCAR==オスカー・シュトラウス

　　　　　　2）下記の作曲家は、主な住居に住んだ順に番号を付けました。
　　　　　　　・モーツアルト
　　　　　　　・ベートーベン
　　　　　　　・シューベルト
　　　　　　　・ヨハン・シュトラウス2世
　　　　　　　・ブラームス
　　　　　　　・ベルク

　　　　　　3）人名索引では、英語表記にしました。

住　　　所　現地での通り名がドイツ語のため、ドイツ語表記としましたが、Google Mapで検索する時は、下記の英語表記でやった方が楽です。（187ページからの住所索引は英語表記）

ä =ae　　ö=oe　　ü =ue　　ß=ss

写真	場所の要約		重要度
			整理番号
	建物の名前		関係者
	区番	住所	
解説			

60

		☆☆☆☆☆
	世界の3大オペラ座の一つ	**1**
	国立歌劇場	SCHUBERT
1	OPERNRING 2	MAHLER STR-EDUARD STR-RICHARD GOUNOD

1869年5月25日モーツアルトのドン・ジョバンニで開場し、第2次大戦で炎上したが再建された。1955年11月5日ベートーベンのフィデリオで再開された1709席ある歌劇場。内部には、歴代の監督だったマーラー、リヒャルト・シュトラウス、クレメンス・クラウス、カール・ベーム、カラヤンらの胸像がある。中でもマーラーは1897年から1906年まで監督を務め、彼の胸像は1909年4月ニューヨークからウイーンへ戻る時、パリでモデルをやり、ロダンが製作したもの。また、ガイドツアーはオペラの切符が入手出来なかった方には、お勧め。

		☆
	オペラ歌手ご用達レストラン	**2**
	R:サン・カルロ	レストラン
1	MAHLERSTR. 3	

オペラ座からも近く、終演後、オペラ歌手がよく来る店。

		☆
	オペラ・演劇系チケット販売店	**3**
		チケット
1	OPERNGASSE 2	

オペラ、演劇系のチケットが中心。

		☆
	CDショップ	**4**
	CD:カルーソー	CDショップ
1	OPERNGASSE 4	

国立劇場北側の通りにあるこのCDショップは、オペラが中心。

		☆☆☆
	ラントマンが経営するカフェ	**5**
	MOZART	カフェ
1	ALBERTINA PLATZ 2	

このカフェの前に、現在、ブルク庭園に建っているモーツアルト立像があったために、この店名が付いた。映画第3の男の中での1シーンにも出てくる。経営はラントマンと同じ経営者。

101
|
200

201
|
300

301
|
400

401
|
500

501
|
561

伝統的ウイーン料理レストラン		☆
		6
R:アウグスティーナケラー		レストラン
1	AUGUSTINERSTR. 1	

手頃なウイーン料理レストラン。ワインは、ブルゲンランド州のものやヴァッハウ渓谷沿いのものなど多種類ある。

歌劇場専属チケット売り場		☆☆☆
		7
歌劇場博物館（チケット売場）		チケット
1	HANUSCHGASSE 3	

国立歌劇場の歴史、名歌手の衣装、写真など興味深い品々が展示されており、入り口右手に、チケット売り場もある。

フランスとの戦時下でのベートーベンの住居		☆☆☆☆
		8
		BEETHOVEN-18
1	WALFISCH GASSE 11	

クルガー通り(13)のエルデーディ夫人と喧嘩してから1809年秋ここに移ってきて、翌年10年4月まで住んだ。ここでは出版社交渉役の弟カールへの不満が出始める。また、09年5月10日のフランス軍によるウイーン占領。その20日後の5月31日には師ハイドンが死去した。このように、この家では、公私にわたり落ち着かない生活だったようだ。

ケルントナートーア劇場跡で元祖ザッハートルテの店		☆☆☆☆☆
		9
H:ザッハー（ケルントナートーア劇場跡）		カフェ
1	PHILHARMONIKER STRASSE 4(2) /ALBERTINA PLATZ	

ケルンテン門の近くに建てられたのでケルントナートーア劇場と呼ばれた劇場跡で、ベートーベンでは1824年5月7日第9とミサソレムニスのキリエ、グレド、アニュスデイ、フィデリオ、シューベルトでは歌劇「双子の兄弟」、ウエーバーでは歌劇「オイリアンテ」などがここで初演され、1860年代ウイーンフィル定期演奏会の会場としても利用された。また、1832年メッテルニヒの指示で当時16歳の見習い菓子職人のフランツ・ザッハーが作ったケーキが、ザッハートルテ。その後、彼の息子が1876年デリカッセンをオープンしたホテルが大成功し、そのレストランのデザートにザッハートルテを出して大当たりし有名になる。

1―100
101―200
201―300
301―400
401―500
501―561

		☆☆☆
	ヴィヴァルディ住居	**10**
		VIVALDI
1	PHILHARMONIKER STRASSE 2 /KÄRNTNER STR. 38	

ヴィヴァルディの1740年に住んでいた住居。

		☆☆
	ベートーベンが宿泊した高級ホテル	**11**
	現SWAROVSKY	BEETHOVEN
1	KÄRNTNER STR. 24	

ベートーベンも泊まった伝統的ゲストハウス。

		☆☆
	ベートーベンが宿泊した宿	**12**
		BEETHOVEN
1	KÄRNTNER STR. 17	

"Zum wilden Mann"というペンションで、ベートーベンも宿泊した。

		☆☆☆
	コンスタンツェやベートベンも住んだ	**13**
	現：花屋と時計屋	MOZART BEETHOVEN-16
1	KRUGER STR. 10	

モーツアルト死後コンスタンツェの傷心の館であったが、その後の、1808年秋から09年3月（4月）にかけてベートーベンは、恋人候補のエルデーディ伯爵夫人のこの邸宅に同居した。この時期の08年12月22日アンデア・ウイーン劇場にて、第5、6交響曲、合唱幻想曲初演されるも大失敗する。しかし、ルドルフ大公、ロブコヴィツ候、キンスキー候から1809年3月1日付けで年金支給されることになり、ウイーン留まることが出来た。

		☆☆☆
	ヴィヴァルディ最期の家	**14**
		VIVALDI
1	KRUGER STR. 5 /WALFISCH GASSE	

最晩年はヴェネチアでの人気は薄らいでいた。こうした状況下で、ウイーンにて、1741年6月28日付けの協奏曲の売却の受領書が発見され、この時点でウイーンに入っていたようだ。しかし、生活は苦しく、結局、1741年7月28日内蔵疾患で死去し、貧民墓地に埋葬された。

		☆☆☆
	異論が出始めた55歳時の ベートーベン住居	15
		BEETHOVEN-56
1	KRUGER STR. 13	

フンフキルヒェニッシュハウス跡で、1825年3月から10月15日まで（または、4月から5月）住んだとされる説に対し、最近、疑問視されてきた。1913年取り壊された。

		☆☆☆
	シューベルトやブルックナーの先生だった ゼヒターの住居	16
	現：音楽の家の裏口	SECHTER
1	ANNAGASSE 20	SCHUBERT BRUCNER

シューベルトやブルックナーの師だった作曲家ジーモン・ゼヒターの住居で1867年ここで死去。特にシューベルトは、死の直前の1828年対位法のレッスンを受け、その数週間後に弦楽五重奏曲ハ長調を作曲した。

		☆☆☆☆
	音楽師範学校だった	17
	聖アンナ教会	SCHUBERT
1	ANNAGASSE 3-3A	BRUCNER

シューベルトは1813年11月から翌年14年8月まで、ここにあった師範学校で兵役回避のため学び、教員助手の資格をとる。また、ブルックナーは1870年から74年までここで教授として勤める。

		☆
	クラシック音楽家の定宿	18
	H：マイルベルガーホーフ	ホテル
1	ANNAGASSE 7	

指揮者プレヴィン、プルゾン、バルトリ等歌手がよく泊まった。

		☆
	オペラ歌手常連のレストラン	19
	R：ソーレ	レストラン
1	ANNAGASSE 8	

オペラ歌手がよく来る店。

	カラヤンの先生だったシャルクの家	☆
		20
	現：洋品店	SHARUK
1	FÜHRICH GASSE 4	

カラヤンの師でもあったシャルクの1918年から1929年間の住居。

	シューマンの住居	☆☆☆☆☆
		21
	シューマンハウス	SCHUMANN
1	SCHÖNLATERN GASSE 7A(G)	SCHUBERT

シューマンの1838年10月から翌年1839年4月までの住居で、自ら創刊した雑誌をこの街で発刊する準備のため住んだが、厳しい検察、手続きの煩雑さから断念。しかし、この時期に、楽友協会への出入りが可能になり、多くの音楽を聴けた。特に、モーツアルトのオペラに接する機会が多く持てたことは有意義だった。さらに、ここでシューベルトの第9番交響曲の発見も大きな足跡となった。一方、このシューマンハウスの反対にあるハッカーで、シューベルトは二人の同僚と共同生活をしていたが、彼はここで弦楽四重奏曲死と乙女を作曲した。

	ベートーベン54歳の時の住居	☆☆☆☆
		22
		BEETHOVEN-55
1	JOHANNES GASSE 1 /KÄRNTNER STR. 33	

ここの4階が1824年11月上旬から翌年25年10月14日までの住居で、24年12月20日ロンドンへ再招聘される。翌年25年1月23日シュパンティヒ四重奏団が再結成され、3月6日には、弦楽四重奏曲変ホ長調初演されたが失敗。3月19日ロンドンのフィルハーモニー協会からの招聘受諾するも、旅費、健康理由で実現しなかった。4月半ばから腸の炎症で悩むなか、カールがウイーン大学を中退し、彼の進学問題で悩む。5月23日アーヘンのニーダライン音楽祭で演奏し好評得る。現在の建物は、1906年から7年にかけて取り壊されて、建て直されたもの。

	ベートベンが訪ねたハイドンの家	☆☆☆
		23
		HAYDN
1	JOHANNES GASSE 18	BEETHOVEN

ハイドンが大成功のイギリスから帰ってから住んだ家で、ここにハイドンに師事を受けるために初めてウイーン来たベートベンが、1792年頃（22歳）教えを受けた。

	ハプスブルグ一族が眠る カプティーナ教会	☆ 24
	カプティーナ教会	教会
1	TEGETTHOFF STR. 2	

1622年から10年かかって建設され、地下の納骨堂には、ハプスブルグ家関連の名士を中心に、138本遺骨が埋葬されている。

	レハールが通ったカフェがあるホテル	☆☆☆☆ 25
	H:アンバサドール	MOZART LEHAR
1	NEUER MARKT 5	

モーツアルトの時代では、ここにあった市立集会所「ツア・メールグレーベ」で、度々、定期演奏会が開かれた。その後、ホテルになってからは、レハールがここのカフェの常連となる。奥のレストランの壁にはメリー・ウイドウの譜のコピーがある。なお、ホテルの右隣6番地には、居酒屋“白鳥”があり、ベートーベンが度々、飲みに来ていた。

	ハイドンの大作が初演された宮殿	☆☆☆ 26
		HAYDN
1	NEUER MARKT 8	

シュヴァルテンベルグ宮殿跡でハイドンの「天地創造」が1798年4月29日、「四季」が1801年4月24日に彼の指揮で初演された。

	19世紀後半の音楽家を世話した 宝石商の家	☆☆☆☆ 27
	現：宝石店	RAVEL WOLF GRIEG
1	NEUER MARKT 15	

ヴォルフのピアノの弟子であり、宝石商アレキサンダー・コエヘルトの家で、その息子のハインリッヒとテオドルはブルックナー、ブラームス、マーラー、さらにフランスから戻ったラベルのような音楽家を招待することを好んだ。そのため、ラベルはここでラ・ヴァルスを作曲したり、ヴォルフは1888年10月27日から89年2月までここに居候し、グリークは1896年末から翌年はじめまで滞在し、12月19日宮廷歌劇場管弦楽団を指揮した。また、テオドルはコンツェルトハウスの創立者であり、後の社長にもなった。そして、コエヘルトの妻であるメラニーとヴォルフの関係は、ワーグナーとベーゼンドンクとの関係とよく比較されるほど深くなった。

ハイドンが天地創造作曲の家	☆☆☆☆
現：R・FERDINANT	28
	HAYDN
1　　　NEUER MARKT 2	

1794年の夏、2回目のロンドン滞在中にニコラウス2世から宮廷楽団再建の依頼が飛び込み、ウィーンへ戻り、1795年から97年までここの4階に住んだ。ここで天地創造、ミサ曲7,8番を作曲、銘板には皇帝賛歌が刻まれている。

チョコレートトルテがおいしいカフェ	☆
カフェ：オーバーラー	29
	カフェ
1　　　NEUER MARKT 10-11	

ここのケーキは、種類も多く甘すぎなく日本人に合う。チョコレートトルテがお勧め。以前は、16番にあったが、最近、10-11番に移った。

ウイーン最古のカフェ	☆☆☆☆☆
現：カフェ・フラウエンヒュバー	30
	MOZART
	BEETHOVEN
1　　　HIMMELPFORT GASSE 6	

現存するウイーン最古のカフェ。建物は1720年建てられる。宮廷料理人イグナーツ・ヤーンが1788年開業したレストランのあったところで、2階のホールでは、1788年11月と12月の2回モーツァルト自身が編曲・指揮で、ヘンデルのオペラ "アーチスとガラテーア"（K566）の公演をはじめ、しばしば舞台にのぼった。そして1791年3月4日最後の演奏会でピアノ協奏曲K595を演奏。また、ベートーベンは、1796年OP.12を自らのピアノで初演したり、1797年4月6日には仲の良かったヴァイオリニストのゲイガー・イナーツ・シュパンティのために書いた五重奏曲op16、1798年にはモーツァルトがプラハ滞在のときに知り合いお世話になったボヘミアの歌手ジョゼファ・ドゥシェック夫人との演奏会を開催した。その後、1824年ハンガリー人によりカフェハウスとして開かれ、1891年フラウエンバウアーが買い取り、この名となった。

バラの騎士台本作家 ホーフマンスタールの住居	☆☆
	31
	HOFMANNSTHAL
1　　　HIMMELPFORT GASSE 17	

リヒャルト・シュトラウスのエレクトラ、バラの騎士、ナクソス島のアリアドネ、影のない女等の台本を書いたホーフマンスタールの住居。

	アロイジアの犬の家	☆
		32
		MOZART
1	HIMMELPFORT GASSE 11	

モーツアルトが時々通ったアロイジアの夫ランゲの家。ランゲは、アマチュアの画家、俳優で、彼の描いたモーツアルトの肖像画は、有名。

	芸術家の溜まり場的レストランだった	☆☆☆☆☆
		33
		BEETHOVEN
		GRILLPARZER
1	BALL GASSE 3	WEBER

現在向かいの6番(35)にあるレストラン・ツム・アルテン・ブルーメンシュトック(鉢植の花)があったところで、当時の芸術家のたまり場になっており、ベートーベンもここに1819年10月から1820年2月まで出入りしていた。この時期は、甥カール後見人問題で、19年の9月17日カール後見人に母親とした市民裁判所指定に控訴したり、裁判争いに終始する。また、その後もグリルパルツァーやウエーバーもここの常連だった。

	ベートーベンの弟の家	☆☆☆☆
		34
		BEETHOVEN
1	BALL GASSE 4	

ベートーベンの弟のカスパール・カールの家跡で、1809年5ヶ月間カールと住み、1809年5月11~12日ナポレオンからの砲撃時、ここの地下に逃げ込んだ。この2週間後の5月31日にハイドンが死去している。

	ベートーベンやシューベルトが通った居酒屋	☆☆☆☆
		35
	R:アルテン・ブルーメンシュトック	BEETHOVEN
		SCHUBERT
1	BALL GASSE 6	

ベートーベンが1819年10月から20年2月まで、ここに出入りしていた。また、シューベルトは、1813年の16歳の時に、よくここの居酒屋に出入りしていた。現在、ここにあるお店は、1850年頃に向かいの3番(33)から移ったものである。

		☆☆☆☆☆
	モーツアルト終焉の地	36
		MOZART-18
1	RAUHENSTEIN GASSE 8（G）	

モーツアルト当人は、フランクフルトへ旅行中だったためにコンスタンツェのみで1790年9月30日ここの2階に移ってきた。ここでは、コンスタンツェは療養のためのバーデン通い等で、経済状態最悪の中で1791年12月5日死ぬまでの最晩年を過ごした。トピックスは91年3月4日の聴衆の前での最後の演奏会（ピアノ協奏曲27番の演奏）や91年4月末シュテファン教会副楽長任命の他、最晩年の名曲が生まれた。建物は、1849年取り壊された。現在は、デパートとなっている。

		☆☆☆☆☆
	モーツアルトやワーグナーも 泊まったホテル	37
	H：カイザー・エリザベス	MOZART-2
1	WEIHBURG GASSE 3	LISZT WAGNER GRIEG

モーツアルトが皇女ヨーゼファの婚儀の祭典出席を目的に一家で2度目のウイーン旅行として1767年9月15日から10月6日の間ここの3階の滞在。時代はくだり、ワーグナーは1862年（銘板には61年とあるが）11月14日からアンデアウイーン劇場での演奏会のため宿泊。12月26日には皇后エリザベートがこの演奏会に臨席。1863年1月1日に2回目演奏会。1月11日の3回目演奏会にはブラームスも臨席。しかし、どの演奏会もパットせず赤字残る。その他、リストやグリークも宿泊した。

		☆
	高級レストラン	38
	R：ツー・デン・ドライ・フザーレン	レストラン
1	WEIHBURG GASSE 4	

夜の上流階級の社交場で、昼は静かなレストラン。

		☆
	ヨハン・シュトラウス2世 新婚3年目からの住居	39
		STR-Ⅱ-4
1	WEIHBURG GASSE 2	MUFFAT

ここはバロック時代の音楽家であったムファットの住居だった。その後、シュトラウス2世が2区（376）で新婚を送ったが、何らかの原因で1864年にここに移った。しかし、翌年65年には出た。

		ウイーン最古のオルガンが有名	☆ 40
		フランツィスカーナー教会	教会
	1	FRANZISKANERPLATZ 4	

ウイーンで最古のオルガンがある。

		モーツアルトがコロレード司教と 喧嘩したところ	☆☆☆☆☆ 41
		ドイツ騎士団の家	MOZART-05 BRAHMS-05
	1	SINGER STR. 7	

モーツアルトが1781年3月16日から中庭に面した2階に滞在し、4月22日大司教からザルツブルクへ戻れの命令が下り、ぶちきれた彼は5月2日決別し出て行く。なお、7棟5階にはブラームスが1863年秋から65年初旬の間住んだ。この時期65年2月に母親の死去の知らせにショック受ける。

		シューベルトが常連のカフェ	☆☆☆☆ 42
		カフェ:ZUM GRUENEN ANKER	SCHUBERT
	1	SINGER GASSE 28	

シューベルトがよく訪れたカッフェ。

		ハイドンの初恋の女性の家だった居酒屋	☆☆☆☆ 43
		緑錨亭、現:レストラン	HAYDN MOZART SCHUBERT WEBER BRAHMS
	1	GRÜNANGER GASSE 8 /NICOLAI GASSE.1(or 2)	

ハイドンの初恋のテレサ・ケルナーの家。しかし、彼女にふられ、不幸にも姉のアンナと結婚してしまう。その後居酒屋になり、モーツアルトやブラームスも出入りする。また、1823年10月23日には、ウエーバーがオイリアンテ初演のために、ウイーンに来たときにシューベルトとここで語り合う。その後シューベルトは1825年から27年の2年間は特に常連客として、ここに入り浸る。

		ヨハン・シュトラウス1世の終焉の住居	☆☆☆ 44
			STR-I
	1	KUMPFGASSE 11	

本妻と離婚調停中の真っ只中にあって、1845(又は1848)年、エミリエ・トランプッシュとここに移った。しかし、しょう紅熱が子供から感染し、45歳の1849年9月25日ここで死去した。

		☆☆☆
	評論家時代のヴォルフの住居	**45**
		WOLF
1	KUMPFGASSE 9	

ヴォルフが1884年10月から87年までの期間、ここの5階に住み、評論家時代を送った。

		☆☆
	シューベルティアーゼが 定期的に開催された家	**46**
		SCHUBERT
1	SINGER STR. 18	

フロリッヒ4姉妹の家で、1820年から、シューベルトも定期的に招かれて、ここでグリルパルツァに出会う。

		☆☆☆☆
	シューベルトが常連だった居酒屋	**47**
		SCHUBERT
1	SINGER STR. 9	

シューベルトが1825年から27年2月の期間に、ショーバー、シュヴィント、シュパウン、ヴァウエンフェルト他と入りびたった居酒屋。

		☆☆
	ワーグナーのピアノがあるホテル	**48**
	H:ロイヤル	WAGNER
1	SINGER STR. 3	

14区ハデックの住居(415)でワーグナーが弾いていたピアノがロビーに有る。ここのイタリアンレストランには演奏家がよく来るために、演奏家、オペラ歌手の写真が多く飾られている。

		☆☆☆☆
	ヨハン・シュトラウス2世の 結婚式前後の住居	**49**
		STR-Ⅱ-2
1	SINGER STR. 21-25	

シュトラウス2世36歳の時、当時44歳だったヘンリエッテ・チャルペッキーとの結婚式を1862年8月27日シュテファン教会で行ったが、その直前の8月初旬からここに入居して新婚生活に入る。しかし、直ぐにPRATER STR. 43(376)に移る。結婚後のヘンリエッテ・チャルペッキーは、シュトラウスのステージマネージャーとして彼を支える。

			☆☆☆
	シューベルトが通ったパブ		50
	R：ドライ・ハッケン（三鍬亭）		SCHUBERT
	1	SINGER STR. 28	

仲間とよく来た居酒屋"三鍬亭"で、典型的なウイーンの古いパブの一つです。当時のジンガー通りは、歓楽街でいくつかの音楽家が通った居酒屋跡がある。

			☆☆☆
	ベートーベンの師でもあった アルブレヒツベルガー終焉の家		51
			ALBRECHTSBERGER BEETHOVEN
	1	SINGER STR. 22	

1736年に生まれ、655曲の作曲をする一方、音楽理論家としても有名でベートーベンも弟子入りした。この家は大聖堂の事務局長時代の最期の住居で1809年ここで死去した。

			☆☆☆
	ワーグナー支援者の家		52
			WAGNER
	1	SINGER STR. 30	

ワーグナー支援者で公立総合病院院長でエリザベートの侍医でもあった反体制派シュタントハルトナー（Josef Standhartner）博士の家で、1861年夏から62年にかけて、ワーグナーが度々、居候した。62年11月には、トリスタントイゾルデ上演準備で来ていた。

			☆
	ショッテン教会楽長フックスの住居		53
			FUX
	1	SEILER GASSE 9	

1702年から15年まで、ショッテン教会第2楽長から正楽長時代までの住居。

			☆☆☆☆
	ベートーベンが月光ソナタを作曲した家		54
	ハンベルガーシェス・ハウス		HAYDN BEETHOVEN
	1	SEILER STÄTTE 15	

ここの一室に1755年からハイドンが住んでいたが盗難にもあった。その後、1801年から翌年の間ベートーベンも住み、難聴が進む中、ピアノソナタ月光を作曲した。但し、諸説ある。

	モーツアルト、シューベルト、ウエーバーに ゆかりの有った遊び場兼宿屋	☆☆☆ 55
1	SEILER STÄTTE 18-20	MOZART SCUBERT WEBER

"ハンガリアン・クラウン"という名のたまり場兼宿屋で、モーツアルト最晩年の1791年にはここの
ビリヤードにはまった。シューベルトは1821年から24年までの期間、友達と良く通った。また、ウ
エーバーは、1821年ベルリンでの魔弾の射手の初演大成功から2年後の1823年10月25日のケル
ントナートーア劇場でのオイリアンテ初演の立合いで滞在した。

	若きベートーベンを指導していた時の ハイドンの住居	☆☆☆☆☆ 56
1	SEILER STÄTTE 21	HAYDN BEETHOVEN-28,30

1790年9月28日エステルハージ候の死去で職を失ったハイドンが90年秋から、95年秋ごろまでこ
この2階に住んだ。この間の92年11月にウイーンへ来たベートーベンが指導を受けに通った。そ
の後、ランベルティ伯爵所有の家となり、ベートーベンは1815年秋から16年夏(No.28)までと、16
年秋から冬の期間(No,30)に住んだ。この時期は耳疾患進む中、1815年4月19日年金問題解決
により年金が入るようになり、同年11月16日に弟カール・カスパールが死去し、甥の後見人に指名
され、翌年16年2月に甥カールを私立名門学校に入れる。

	2000年から音楽博物館になる	☆☆☆☆☆ 57
	音楽の家	NICOLAI
1	SEILER STÄTTE 30	BRUCKNER SECHTER

フランツ1世の弟のカール大公の宮殿で、オットー・ニコライが1841年から47年の間、ここに住み、
喜歌劇"ウインザーの陽気な娘"を作曲した。また、1842年にはウイーン歌劇場のウイーン交響楽
団さらにウイーンフィルを設立した。その後長らくウイーン音楽大学の学生寮となり、シューベルト
やブルックナーの教師でもあった、サイモン・ゼヒターが1855年から61年まで、ここに住んだ。現
在の姿は、2000年音楽の家に改築されたものです。

	19世紀後半からの劇場	☆ 58
	ローナッハー劇場 The Ronacher Theatre	EINEM
1	SEILER STÄTTE 9	

1827年ウイーン・シュタット劇場として設立されたが、全焼にあったり、ブルク劇場再建時の代替劇
場になった時期もあった。近年では、舞台機能も充実させミュージカルを中心に、上演が行われて
いる。

		☆☆☆☆
	シューベルトが"死と乙女"を作曲した家	59
		SCHUBERT-14
1	STUBENBASTEI 14 (10or12)	

上オーストリア旅行から帰った1823年11月から翌年24年5月までそのままマイルホーファーとここフーバーの下宿に居候。特に1824年に入ってからは室内楽に集中して、八重奏曲、ロザムンデ、死と乙女などの多くの名曲を作曲した。なお、番地は、諸説ある。

		☆☆
	シューベルト親友の家	60
	ゾンライトナー家（グンデンホーフ）	SCHUBERT
1	BAUERNMARKT4	

親友ゾンライトナーの家で、1815年5月26日から1824年2月24日の長期にわたり、作品しばしば披露された。

		☆☆☆☆☆
	ウイーンのシンボル シュテファン教会	61
	聖シュテファン教会	ALBRECHTSBERGER HAYDN MOZART STR-I
1	STEPHANS PLATZ	

1138年から10年かかって1148年に完成されウイーンのシンボルであり、エピソードも多い。1713年からここの正楽長だったフックスの書で勉強したベートーベン。ハイドンの弟ミヒャエルは1745年(8歳)からここの少年合唱団で過ごした。モーツアルトでは、1782年8月4日コンスタンツェとの結婚式と1791年12月6日の葬儀が有名。カタコンベの入口にプレートが有る。また、ベートーベンの師でもあったアルベルヒツベルガーは、1792年からの楽長兼オルガニストとして活躍した。1849年9月にはヨハンシュトラウス1世の葬儀が行われた。

		☆☆
	ヘルメスベルガー終焉の家	62
		HELMESBERGER
1	DOMGASSE 4	

ヘルメスベルガーが死んだ住居で1850年から死ぬ1907年4月26日まで住んだ。彼はヴァイオリニスト、指揮者、音楽学校教授であったが、一時期、シューベルトと宮廷聖歌隊の仲間でもあった。

モーツアルト全盛時期の家	☆☆☆☆☆
	63
フィガロハウス	MOZART-13
1 DOMGASSE 5	

ここの2階に1784年9月29日から87年4月24日までの、華やかで全盛期の時代を送った住居。この期間でのトピックスは、84年12月14日フリーメイソン入団。85年3月には父レオポルトが病気にかかり、4月25日父レオポルトがザルツブルクへ帰るのをプルカースドルフ（542）まで見送る。同じ4月にベートーベンと面会。86年2月27日シェーンブルン宮殿で劇場支配人でサリエリとオペラ競演。5月1日フィガロの結婚初演で大成功おさめる。10月18日三男誕生も翌月11月15日死去。87年1月プラハでフィガロの結婚が大人気により、プラハに招待された。

シューベルト未完成作曲の家	☆☆☆☆☆
	64
未完成の家	SCHUBERT-12
1 SPIEGEL GASSE 9 /GÖTTWEIHER GASSE 1 （写真の左側）	

1821年10月から23年秋までショーバーと同棲していたショーバーの家。ここでは23年初旬からショーバーと梅毒治療を開始した。23年4月6日シュタイヤーマルク音楽協会名誉会員に推挙され、返礼としてここで完成させた未完成を送る。翌月5月から総合病院入院。夏には転地療養でシュタイヤー、リンツを旅行。また、ここで21年1月3日からシュベルティアーゼを開始した。

サリエリの住居	☆☆☆☆☆
	65
	SALIERI
1 SPIEGEL GASSE 11 /GÖTTWEIHER GASSE 2 （写真の右側）	

サリエリ16歳の1766年から死去した1825年5月7日までの家跡。ここでは、宮廷作曲家、イタリアオペラの指揮者として活躍したり、1812年には楽友協会の創立メンバーにも加わる。また、ここにはモーツアルトの次男、ベートーベンをはじめ、シューベルトも1808年10月8日からレッスンで通った。特にシューベルトが14歳になった1811年からは個人指導を開始した。

作家カフカの定宿	☆
	66
H：グラーベン	KAFKA
1 DOROTHEER GASSE 3	

作家カフカの定宿。

1│100

101│200

201│300

301│400

401│500

501│561

	ウイーン最大の音楽書籍店	☆☆☆☆☆ 67
	ドブリンガー	書店
1	DOROTHEER GASSE 10	

1857年経営権がルートビッヒ・ドブリンガーに移った後、いくつかの場所を転々として、1873年この場所に落ち着いた。その後も精力的にブルックナー、マーラー、レハールなどの楽譜を出版してきた。日本人にも入りやすい。

	ドイツの音楽家の家	☆ 68
		KREUTZER
1	DOROTHEER GASSE 9	

ドイツの作曲家、指揮者CANRADIN KREUTZERの住居でケルントナートール劇場で数年指揮した。

	ブラームスやシュトラウス2世の葬儀が行われた教会	☆☆☆☆☆ 69
	ルーテル教会	BRAHMS STR-II SCHOENBERG
1	DOROTHEER GASSE 18	

ブラームスが肝臓癌で、1897年4月3日朝、64歳で息を引き取り、6日にここで葬儀が行われ、霊柩車は楽友協会に立ち寄り、合唱団が"さようならOP93"を歌って送った。2年後には仲が良くお互いに尊敬し合っていたヨハン・シュトラウス2世の葬儀も99年6月6日盛大に行われた。また、98年3月に、シェーンベルクがここでプロテスタントに改宗し、1901年にはツェムリンスキーの妹のマティルデと結婚式を挙げた。一方、美術界では、エゴン・シーレが、1915年6月17日ここで結婚式挙げた。

	ベルクの結婚式が行われた教会	☆☆☆☆ 70
	プロテスタント教会（カルバン派）	BERG
1	DOROTHEER GASSE 16	

1784年に建てられたこの教会では、ベルクが1911年5月3日にHelene Nahowskiと結婚式を行った。

		☆
	劇作家ネストロイの生家	71
		NESTROY
1	BRÄUNER STR. 3	

歌入り喜劇の傑作を多く書き自ら主役を演じた人気劇作家で俳優のヨハン・ネストロイが1801年生まれた生家。彼は、ワーグナーのウイーンでの立役者となっても活躍し、1862年死去した。

		☆
	ベートーベンが通ったカフェ	72
		BEETHOVEN
1	GRABEN 15	

ベートーベンが通ったカフェ "Zum Taroni"。

		☆☆☆☆☆
	モーツアルトが後宮からの誘拐を完成させた住居	73
	H:ペンション　ノセック	MOZART-7
1	GRABEN 17	

1781年9月5日から82年8月2日まで、ここの4階で独身最後の時期を住み、「後宮からの誘拐」を完成させた。

		☆
	ベートーベンのたまり場	74
		BEETHOVEN
1	GRABEN 21	

ベートーベンや友達スタイナーらと通った人気店だったたまり場。

		☆☆☆☆☆
	モーツアルトが演奏会出演で多忙な時期を送った家	75
	トラットナー邸	MOZART-12
1	GRABEN 29 (TRATTNERHOF)	HERBECK WOLF

モーツアルトが1784年1月から9月28日までここの4階に住み、作品目録作成開始したり、9月21日には次男カール・トーマスが誕生したり、多忙で充実した毎日を送った。また、その後、シューベルトの未完成を1865年初演した指揮者ヘルベックがここの屋根裏に、1883年から84年の期間にはヴォルフも住んでいた。

		☆
	ツェルニーの住居	**76**
		CZERNY
1	PETERSPLATZ 10	

ベートーベンの弟子でもあり、ピアノの教則本で有名なツェルニーの住居。

		☆☆☆☆☆
	ベートーベン29歳の時の住居	**77**
		BEETHOVEN ─3
1	PETERSPLATZ 11	

1799年5月から12月まで、Goldschmiedgasse側の3階に住み、ピアノソナタ op13、弦楽四重奏曲 op18を作曲。1802年から03年の冬の期間は Freisingergasse の角にある隣のアパート(Zum Silbernen Vogel)に住み、ここでハイリゲンシュタットの遺書の構想も練った。

		☆☆☆
	ランナー楽団がよく出演したカフェ	**78**
	Zum Goldenen Rebhuhn	SCHUBERT
		LANNER
1	GOLDSCHMIEDGASSE 6	STR-Ⅰ

1828年にはシューベルティアーゼも開かれた。その後、1879年改築されるまで、ここのカフェには、ランナー、シュトラウス1世の楽団が出入りしていた。

		☆☆☆☆☆
	モーツアルトの息子が洗礼を受けた教会	**79**
	ペーター教会	MOZART
1	PETERSPLATZ	

1733年建立のバロック様式教会。モーツアルトの2人の息子が洗礼を受けた。

		☆☆☆☆☆
	コンスタンツェの実家	**80**
	現：パルメルス衣料品店	MOZART-6
1	MILCH GASSE 1 /TUCHLAUBEN 6	

大司教と決別して転がり込んだウエーバー家の住居跡で、1781年5月2日から1783年4月まで度々転がり込んだ。そして、帰国命令として出された5月9日にウイーン定住決意する。この家で後宮からの誘拐の作曲に着手する。

		☆☆☆☆☆
27歳のモーツアルトが3ヶ月住んだ住居		81
		MOZART-10
1	KOHL MARKT 7	

1783年2月から4月までの3か月間の住居。ここでは3月11日にブルク劇場でのアロイジアの音楽会でピアノ協奏曲第13番(k415)を大成功させ、3月23日のブルク劇場で皇帝ヨーゼフ2世臨席音楽会でも好評を博す。

		☆
ベートーベンが通ったカフェ		82
		BEETHOVEN
1	KOHL MARKT 6	

ここにあったカフェ "Milani" によく通った。

		☆☆☆☆
ベートーベンの時代からの書店・出版社		83
現:アルタリヤ、ここの4FL		MOZART
1	KOHL MARKT 9	BEETHOVEN CHOPIN

モーツアルトやベートーベンの初版を多く出したアルタリア社があった建物で、ベートーベンがここによく通った。その後、ワルシャワの政情不安や恋わずらいから、ウイーンに逃避してきたショパンは1830年11月から翌年31年7月20日まで滞在しディアベリ変奏曲の出版等成果もあったが、ウイーン市民に受けいれらずずに暗い毎日をここで過ごした。

		☆☆
出版社アルタリアのあった場所		84
旧:アルタリア跡		MOZART
1	KOHLMARKT 18	BEETHOVEN

楽譜出版社アルタリアのあったところで、現在は、9番(83)にある。

		☆☆☆☆
エステルハージ侯の宮殿		85
現:OTTO GRAF(エステルハージー宮殿)		HAYDN
1	WALLNERSTR 4	

エステルハージ伯爵家の冬の宮殿で、ハイドンは1767年訪問し、この中にあるコンサートホールで自作の演奏、指揮した。

		☆☆☆☆
ベートーベンがエロイカ作曲の きっかけとなった宮殿		86
ゲイミュラー宮殿		BEETHOVEN SCHUBERT
1	WALLNERSTR 8	

ゲイミューラー宮殿は、1798年から1809年まで、フランス大使のベルナドット伯爵が住み、ベートーベンも良く訪問しエロイカ作曲のきっかけを与えた。また、1821年ごろにはシューベルティアーデの場としても利用された。

		☆
シェーンベルクの住居		87
		SCHOENBERG
1	WALLNERSTR 9	

1903年と1917年から18年までの1年住む。

		☆☆☆
皇室ご用達カフェ		88
カフェ：デーメル		カフェ
1	KOHL MARKT 14	

1888年開業しハプスブルグ帝国消滅まで、フランツ・ヨーゼフ皇室御用達カフェとして流行った。ザッハーとデーメル間で、ザッハートルテ戦争裁判がおこり。その結果、オリジナルの標示はザッハーのみとなる。ベートーベンもここの常連の一人だった。

		☆☆☆☆☆
学生ハイドンの下宿先		89
ミヒャエラーハウス		METASTASIO HAYDN
1	KOHL MARKT 11	

1724年に建てられたこの建物には、詩人であり、劇作家であるピエトロ・メタスタージオが1729年ナポリからウイーンへ招聘され、王室家庭教師やオペラの仕事のため住んでいた。この時に屋根裏にハイドンが1750年からウイーンに来て最初に住んで1755年まで音楽教師でアルバイトをしながら音楽を学んでいた。メタスタージオはそのハイドンの才能に注目し、友人の娘の音楽教師として売り込んでくれた。この出会いがハイドンのその後の人生を決めることになった。メタスタージオは、1782年にここで死亡し隣のミヒャエル教会(92)に埋葬された。

	未亡人コンスタンツェの住居	☆
		90
		MOZART
1	MICHAELERPLATZ 5	

教会に向かって右側の黄色の建物の4階に、モーツアルトが死んでからコンスタンツェが住み、ここでゲオルク・ニッセンを知り1809年再婚する。

	文学者が集ったカフェ	☆☆☆
		91
	カフェ:グリーエンシュタイドル	カフェ
1	MICHAELERPLATZ 2	

1844年薬剤師グリーンシュタイドルが病気に効く水薬からカフェイン含有のコーヒーの調合に商売替えしてスタート。その後1847年ヘーレンガッセ25に移って、貴族と中産階級の融和をコンセプトとしたカフェとして成功する。1897年1月21日改築のために閉店するまで文学カフェとして栄える。1990年オリジナルのこの場所で再開される。

	モーツアルトの追悼ミサが行われた ミヒャエル教会	☆☆☆☆
		92
	ミヒャエル教会	METASTASIO
		HAYDN
1	MICHAELERPLATZ	MOZART

1250年建設された塔高78M。ここのパイプオルガンはウイーンにあるバロック様式のオルガンでは最古のもの。1749年17歳のハイドンが演奏し、1791年12月10日モーツアルト死後数日後にシカネーダーの呼びかけで、追悼ミサが行われ、未完成のレクイエムが初演された。また、地下墓地には、メタスタージオの遺体が眠る。

	初期ブルグ劇場があった場所	☆☆☆☆
		93
	旧ブルク劇場(1776-1888)跡	GLUCK
		HAYDN
1	MICHAELERPLATZ (旧王宮のミヒャエル翼部分)	MOZART

コールマルクトから見て王宮前の左側のスペースに旧ブルク劇場が有った。ここでは、グルックの"オルフェオとエウリディーチェ"、ハイドンの"天地創造"(1799年3月19日)、モーツアルトの"後宮からの逃走"(1782年7月16日)、"フィガロの結婚"(1786年5月1日)、"コシファントッテ"(1790年1月26日)などが初演された。

1―100

101―200

201―300

301―400

401―500

501―561

	☆☆☆☆☆ 94
宮廷専属礼拝堂	
宮廷礼拝堂	SALIERI SCHUBERT BRUCKNER
1 HOFBURG [BURGKAPELLE] SCHWEIZERHOF	

シューベルトが11歳の1808年、ここの聖歌隊の募集に応募し、9月30日入学試験を受け10月4日合格し1812年6月までの間、少年合唱団員としてここで歌った。また、ブルックナーは、1867年からオルガニストとして奉職。ここの名物は、毎週日曜日9時15分からウイーン少年合唱団がミサ曲を歌う。

	☆☆ 95
音楽家が彫られている台座に注目	
マリア・テレージア像	GLUCK HAYDN MOZART
1 MARIA-THERESIEN-PLATZ	

1888年カスパール・フォン・ツムブッシュ制作の像で、台座にグルック、ハイドン、モーツアルトのレリーフが彫られている。

	☆☆☆☆☆ 96
ウイーン観光で有名なモーツアルト像	
ブルク庭園	MOZART
1 BURGGARTEN	

いつも観光客が集まる有名なモーツアルト記念像ですが、オリジナルは、1896年製作され国立歌劇場裏にあったが戦争で破壊されたために、1953年修復されここに移転されたもの。台座にドンジョバンニとモーツアルト一家のレリーフがある。このモーツアルト像から、右側に進むと、フランツ・ヨーゼフの立像がある。その前面が、ブルク庭園だ。

	☆☆☆☆ 97
ベートーベンの大スポンサーの ロブコヴィッツ宮殿	
現：演劇博物館（旧ロブコヴィッツ宮）	BEETHOVEN
1 LOBKOWITZ PLATZ 2	

ベートーベンの年金スポンサーだったロブコヴィッツ公爵の宮殿で現在演劇博物館。2階正面にあるエロイカ・ザールで1804年秋にエロイカ、1807年には交響曲4番、さらにヴァイオリンソナタop96らの試演・初演がされた。そして、彼はロブコヴィッツ公爵に3,5,6交響曲を献呈した。

1
｜
100

101
｜
200

201
｜
300

301
｜
400

401
｜
500

501
｜
561

テレジアの娘の夫が集めた名品揃い		☆
		98
アルベルティーナ		美術館
1	ALBRETINAPLATZ 1	

マリア・テレジアの娘の夫のアルベルト公が収集したデューラー、レンブラント、ルーベンスらの作品がある。

ハプスブルグ家の冠婚葬祭の中心		☆☆☆☆
		99
アウグスティーナ教会		SCHUBERT BRUCKNER
1	JOSEFSPLATZ	

地下にハプスブルグ家の人々の心臓があることでも有名なこの教会では、シューベルトとブルックナーの二人に縁がある。シューベルトは、1814年10月26日「ヘ長調ミサ」の初演が行われ、1828年11月23日には、シューベルト追悼ミサが執り行われ、ブルックナーでは「ヘ短調ミサ3番」を自身の指揮で1872年6月16日にここで初演された。

宮殿内の舞踏会場			☆☆☆☆
			100
レドゥッテンザール劇場跡			MOZART BEETHOVEN SCHUBERT BRAHMS LANNER
1	JOSEF-SPLATZ	STR-I STR-II STR-EDUARD	

1728年に設立された劇場は1992年11月27日に全焼し、現在の建物は1997年再建され、宮廷劇場、宮廷舞踏会場となったものである。モーツアルトは宮廷作曲家として働き、ベートーベンは1814年2月27日第8交響曲初演、1824年5月23日第9交響曲再演。シューベルトは、1821年4月8日四重唱小さな村 D598初演後、彼の作品がしばしば演奏された。また、ランナーが1829年から宮廷舞踏会音楽監督歴任。1860年頃からは、674m2、高さ15mの大舞踏会会場として賑わい、シュトラウス1世や、息子のシュトラウス2世も1863年2月25日から宮廷舞踏会音楽監督歴任し、ワルツ社説 op273を協会へ初献上した。その後、ブラームスは1867年12月1日ドイツミサ1-3楽章初演。エドゥアルト・シュトラウスは1872年から75年まで、ツィーラーは1908年から宮廷舞踏会音楽監督歴任した。

世界一美しい図書館と言われている		☆☆☆☆
		101
国立図書館		MOZART KALMAN ZIEHRER
1	JOSEFSPLATZ 1	

この図書館の中にあるプルンクザールでは、モーツアルトも幾度も演奏会を開催した。1777年から1803年の間に図書館長だったスヴィーテン男爵が集めた バッハ、ヘンデル 他大作曲家の手稿楽譜は貴重な資料である。また、ここには、カールマン記念室やツェラー記念室がある。

	フィガロの結婚の試演が行われた宮殿	☆☆☆☆☆
		102
	パルフィ宮殿	MOZART
1	JOSEFSPLATZ 6	

1762年10月16日6歳のモーツアルトが姉と演奏披露した。その後20年後の1781年5月1日午前フィガロの結婚をこの宮殿で試演した。そのため、後にフィガロホールと呼ばれ、今日でもコンサートが開かれている。

	ベートーベンの後援者 パラヴィッティーニ邸	☆☆☆☆☆
		103
	パラヴィッティーニ邸	BEETHOVEN
		SCHUBERT
1	JOSEF PLATZ 5	

ベートーベンの後援者の一人であったパラヴィッティーニ邸で、現在、ダリ博物館として200点を越えるオリジナル作品が常設されている。また、ここでベートーベンの第7交響曲やシューベルトの歌曲 "グリートヒェン Spinnrud" が披露された。

	6歳のモーツアルトが演奏した会場	☆☆
		104
	ヴィルシェック宮殿	MOZART
1	HERRENGASSE 5	

1762年6歳のモーツアルトが姉ナンネルとここの宮殿で演奏。

	リヒテンシュタイン侯の宮殿	☆☆☆
		105
		BEETHOVEN
		BRAHMS
1	HERRENGASSE 8	LISZT

リヒテンシュタイン侯爵冬の宮殿跡で、ベートーベンがよく通った。その後、ベーゼンドルファー・ホール時代には、リスト、ブラームス、他の活動拠点として、大いに賑わった。

	シェーンベルクらが教鞭をとったところ	☆
		106
		SCHOENBERG
		ZEMLINSKY
1	NAGLER GASSE 9	

1903年シェーンベルクがここで作曲の講義をする。その生徒の中にウエーベルン、ベルクもいた。また、ツェムリンスキーもここで教える。

			☆
	19世紀初頭までの演奏会場		107
	現：州議会会議場		BEETHOVEN SCHUBERT LISZT
	1	HERRENGASSE 13	

19世紀初頭まで、この建物の中のグランドホールで、ベートーベン、シューベルト、リストらが、演奏会を開いていた。

			☆☆☆
	文人カフェ		108
	カフェ：ツェントラル		カフェ
	1	HERRENGASSE 14	

フェルステル宮殿（110）内にあり、1868年開店し世紀転換期から第1次大戦時代のグリーエンシュタイドル（91）の後を受けて代表的文人カフェとなった。

			☆☆☆
	ベートーベンの大スポンサーだった キンスキー邸		109
	キンスキー宮殿		MOZART BEETHOVEN SCHUBERT
	1	FREYUNG 4 /BANK GASSE 2	

モーツアルトやベートーベン時代の大スポンサーの一人で、まずモーツアルトは、1762年10月14日6歳の時、ここでコンサートに出演した。ベートーベンにとっては大スポンサーだったために、キンスキー侯爵の死後、金が入らず苦しくなって苦労した。シューベルトとなると女主人フェルステン・シャーロット・キンスキーが1828年7月7日ホームコンサートにおいて、歌手としてでなくピアノ作曲家として披露し、シューベルトが赤面するほど素人離れした出来であったといわれている。

			☆
	旧国立銀行が入っていたフェルステル宮殿		110
	ベートーベンホール		劇場
	1	FREYUNG 2 /HERRENGASSE端 /STRAUCHGASSE	

オーストリアの建築家ハインリッヒ・フォン・フェルステルが建てた宮殿で、当時はオーストリア・ハンガリー帝国時代には国立銀行、証券取引所が入っていた。現在はこの中のベートーベンホールでは、演奏会が開かれる。また、内部にアーケードには高級ブティックがあり、南側にはカフェ・ツェントラル（108）がある。

1－100

101－200

201－300

301－400

401－500

501－561

1―100
101―200
201―300
301―400
401―500
501―561

	ハイドンの故郷ローラウの貴族の ウイーン内宮殿	☆☆☆ 111
	ハーラッハ宮殿	HAYDN MOZART
1	FREYUNG 3	

ハイドンの母親も仕えていた故郷ローラウの城主だったハーラッハの都会の宮殿。モーツアルトは1762年6歳の時にハーラッハ公のためにここで演奏を披露した。

	多くの音楽家が関わった教会	☆☆☆☆☆ 112
	ショッテン教会・修道院	HAYDN SCHUBERT LISZT BURUCKNER STR-Ⅱ
1	FREYUNG 6 (SCHOTTENHOF)	

教会の左は元修道院でその後も音楽家が住んだ建物だ。歴史順に見ていこう。1696年から1772年まで、モーツアルトとも親交があり、シュテファン教会のオルガニストだったフックスが住んでいた。またハイドンが死んだ時、教会では2週間にわたってミサが演奏された。シューベルトでは、1815年第5交響曲の初演。さらに、ヨハン・シュトラウス2世が1839年から41年までここで学んだ。また、リストより6歳若い叔父のエドワルト・フォン・リストが法学者として1869年から86年の期間に、中庭の一番奥に住んでいた。そのため、1885年冬に叔父のところに来ていたリストにブルックナーが第2交響曲を見てもらった。

	シューベルトが作曲家として デビューしたホテル	☆☆☆☆ 113
	H:ローマ皇帝館　跡	BEETHOVEN SCHUBERT
1	RENNGASSE 1(G)	

ベートーベンが1816年から17年の冬の期間滞在したホテルで、ここのホールで多くの演奏会が開催され、ピアノ三重奏曲大公が初演された。その2年後の1818年3月1日には、シューベルトが、初めてここで公開演奏会を開催しイタリア風序曲、1819年2月28日には歌曲羊飼いの嘆きの歌で作曲家としてデビューした。なお、現在の建物は後で建てられたものである。

	スヴェーデン男爵邸	☆☆ 114
		HAYDN MOZART BEETHOVEN
1	RENNGASSE 3	

スヴェーデン男爵の家で、ここハイドン、モーツアルト、ベートーベンが度々訪問した。

	ベートーベン30歳の時の住居	☆☆
		115
		BEETHOVEN-5
1	TIEFER GRABEN 2	

1800年から1801年春まで1年間の住居で、ここで最初の弦楽四重奏曲6曲 op18が完成する。また、この時期からリヒノフスキー侯から年金支給を受け始める。但し、TIEFER GRABEN 8-10(116)と住んだ順番には諸説ある。

	ベートーベン第1交響曲を作曲した家	☆☆☆☆☆
		116
		BEETHOVEN-4
1	TIEFER GRABEN 8-10	

ここのモザイクの下にある銘板には、"1815年から17年間、ここで作品101,102,98,106,137作曲した"とあるが、この表示は間違っており、ベートーベンは1800年初頭から1801年春まで住んで、第1交響曲、7重奏曲 op20、ピアノ協奏曲1番を作曲した。但し、TIEFER GRABEN 2(115)と住んだ順番には諸説ある。

	ハイドンの頭蓋骨を隠した役人の家	☆
		117
		HAYDN
1	FÄRBER GASSE 1 /LEDERERHOF(AM HOF の裏)	

エステルハージー家の書記だった Jusef Karl Rosenbaum は、熱烈なハイドンファンでハイドンの死後、刑務所管理人だったヨハン・ペーターと共謀して頭蓋骨をここの自宅に隠す。当時、有名人の頭蓋骨収集がブームだった。

	モーツアルト一家が お世話になった医者の家	☆
		118
		MOZART
1	TIEFER GRABEN 19	

1762年11月5日モーツアルトと姉ナンネルが、お世話になっていたベルンハルト医師の邸宅で、子供たちの演奏会を開く。

1 - 1 0 0

1 0 1 - 2 0 0

2 0 1 - 3 0 0

3 0 1 - 4 0 0

4 0 1 - 5 0 0

5 0 1 - 5 6 1

		☆☆☆☆☆
モーツアルトが初ウイーンで滞在した家		**119**
		MOZART
1	TIEFER GRABEN 16	

1762年10月19日から12月31日まで初めてのウイーンでここの2階に滞在させてもらった家具職人の家。12月11日からは、ハンガリー貴族のお勧めで、プラティスラバを訪問し、レーポルトはそこで、その後計画していた西方旅行のための馬車を購入し23日まで滞在。24日にウイーンへ戻る。

		☆☆☆☆☆
モーツアルト親子の3度目の ウイーン滞在時に宿泊した家		**120**
現：H：ティグラ Tigra		MOZART
1	TIEFER GRABEN 18	

モーツアルトがミラノでの就職活動に失敗するものの収穫の多かったイタリア旅行から帰って来た3度目のウイーン訪問だった1773年7月16日から9月24日間に滞在したゴットリーブ・フリードリッヒ・フィッシャーの家。この間の8月12日ウイーン来訪中のコロレード大司教から休暇延期許可もらう。8月21日から23日にかけて、バーデンにハイキングにも出かける。

		☆☆☆☆☆
モーツアルトの天敵コロレードの 父親の宮殿		**121**
コラルト宮		VIVALDI
1	AM HOF 13(a)	MOZART

この宮殿は、モーツアルトの天敵であったコロレードの父で、当時、帝国副宰相であったコラルトの宮殿で、モーツアルト6歳の第1回のウイーン旅行（1762年10月 -12月31日）で滞在した時に、ウイーンでの最初の演奏会を10月9日ここで開く。因みに21年前にすでにアントニオ・ヴィヴァルディが訪問していた。

		☆☆☆☆☆
ヨハン・シュトラウス2世が デビューした教会		**122**
アム・ホーフ教会		MOZART
1	AM HOF KIRCHE	STR-II BRUCKNER

1773年8月8日モーツアルトのドミニクス・ミサ（K66）を父レオポルトが指揮。1844年にはヨハン・シュトラウス2世がここでデビューした。1877年1月には、ブルックナーがこの教会の指揮者になろうとするも失敗した。

1
|
1
0
0

1
0
1
|
2
0
0

2
0
1
|
3
0
0

3
0
1
|
4
0
0

4
0
1
|
5
0
0

5
0
1
|
5
6
1

	マーラー22歳の時の住居	☆
		123
		MAHLER
1	WIPPLINGERSTR. 12	

マーラーが1882年22歳の秋に住んだ住居で、翌年83年1月からオロモウツ（スロヴァキア）王立市民劇場楽長になる直前の意気揚々の時期を過ごした。

	シェーンベルクが アルバイトした銀行があった所	☆
		124
		SCHOENBERG
1	WIPPLINGERSTR. 39	

1891年父が死んで生計を助けるためにアルバイトをしていた銀行があったところで、現在ホテルになっている。

	モーツアルトの長男が誕生した時の住居	☆☆☆☆☆
		125
	3-4共に1895年取り壊し合体	MOZART-11
1	JUDEN PLATZ 3	

モーツアルトが1783年4月24日から翌年84年1月までの住居でここの2階に住む。ここでは、7月末に長男を保母に預け（236）妻と里帰り。翌月8月19日には、生後2か月の長男が死去し落ち込む。

	モーツアルトが困窮した時期の住居	☆☆☆☆☆
		126
	3-4共に1895年取り壊し合体	MOZART-17
1	JUDEN PLATZ 4	

モーツアルト晩年の1789年1月上旬から90年9月30日の間の住居で、経済悪化の中もがいた時期を過ごす。トピックスは、コシファントッテ作曲。89年4月8日から6月4日でのプラハ、ドレスデン、ライプツィッヒ、ベルリンの旅（弦楽四重奏曲k575,589,590作曲）。7月に入るとコンスタンツェ発病。11月16日には、次女誕生も死ぬ。1790年に入り、9月23日には、レオポルト2世戴冠式目当てにフランクフルトへ出発し、11月10日コンスタンツエのみが先に移っていた終焉の住居（36）に戻る。なお、銘板は、1783年住居の方（125）のみある。

		☆
	6歳のモーツアルトが演奏した友人宅	**127**
		MOZART
1	SALZGRIES 21	

1762年10月17日訪問し、モーツアルトが演奏。

		☆☆
	ベートーベンが常連の居酒屋	**128**
	カフェ	BEETHOVEN
1	BOGNER GASSE 5	

1618年からやっている居酒屋（Zum schwarzen kameel）で、ベートーベンも通った。値段は、やや高め。

		☆☆
	シューベルトの親友ショーバーの家	**129**
	シューバー家	SCHUBERT-6
1	TUCHLAUBEN 20 /LANDSKRONGASSE 5	

シューバーの家があった。1816年秋からシューベルトが居候して1817年3月には、宮廷歌劇場でも活躍していたバリトン歌手のフォーゲルを紹介してもらう。ここからシュベルティアーゼが始まった。

		☆☆
	シューベルトがウエーバーと 会った飲み屋	**130**
		SCHUBERT WEBER
1	KLEEBLATTGASSE /KURRENTGASSE	

1823年10月26日スタイナーのこの店で、シューベルトがウエーバーと会い、アン・デア劇場で上演していたオイリアンテについて批評したため喧嘩となりその後関係が冷えていく。

		☆☆☆
	モーツアルトが入会した フリーメイソン事務所	**131**
		MOZART
1	LANDSKRONGASSE 4-6	

フリーメイソンの支部のあった所で、モーツアルトは支援者を得るために1784年12月入会し、その思想に共感し、フリーメイソンのために多くの曲を作曲した。

		☆☆
	モーツアルトが借金した友人宅	**132**
		MOZART
1	HOHER MARKT 1	

フリーメイスンを通じて親しくなった富裕な織物業者だった Johann Michael von Puchberg(1741-1822)の家で、モーツアルトは彼から晩年度重なりお金を借りた。また、モーツアルトの死後もコンスタンツェの面倒もみた。

		☆☆☆☆
	天然痘大流行時 モーツアルト一家が泊まった家	**133**
	シューマーレッカー邸	MOZART
1	SALZGRIES 18	

1767年10月6日にモーツアルト一家と一人の付き人を伴いここの3階のシューマーレッカー邸の3階に入るも、町は天然痘の大流行中で、演奏会どころでなく、ここの友人宅に身を寄せ、10月23日ここからの脱出を決意し、オルミッツへ向かう。しかし、モーツアルトは既に天然痘に感染していた。

		☆☆☆☆
	ベルク生誕の家	**134**
	シューンブルナーハウス跡	BERG-1
1	TUCHLAUBEN 8	

1885年2月9日ここの4階で生まれ育ち、14歳になる1898年まで住んで幼少時代を送る。なお、この建物の2,3階にウイーン芸術協会があった。

		☆☆☆☆☆
	シューベルトが冬の旅を作曲した家	**135**
	現:タバコ店(青針鼠館)	SCHUBERT-18
1	TUCHLAUBEN 14	

1827年3月から翌年28年8月までここの新居ショーバー家に転がり込む。この間の27年3月29日のベートーベンの葬儀に参列した。ここでは、歌曲集"冬の旅"、"白鳥の歌"を作曲した。また、隣には、楽友協会本部やショーバー家のフラット"ヴィンター館"もあり、賑わっていた界隈だった。

			☆☆☆☆☆
		シューベルト時代の楽友協会本部	136
		(赤針鼠館) 旧楽友協会跡	SCHUBERT BRAHMS
	1	TUCHLAUBEN 12	

シューベルトは1821年ここにあった楽友協会に入会、27年6月12日には正理事となる。その後1830年9月6日から1870年まで、700席のホールを中心に、この周辺は賑わう。また、ここには、同名のレストランが入っていて後にブラームスが常連となる。

			☆☆☆☆☆
		モーツアルトの浪費が激しくなるころの住居	137
			MOZART-15
	1	TUCHLAUBEN 27 /SCHULTER GASSE2	

1787年12月から翌年88年6月までの住居。ここでは、87年12月7日グルックの後任として宮廷作曲家に任命され、同月27日には、長女誕生するも翌年6月29日死去。宮廷作曲家として報酬大なるも経済悪化。

			☆☆☆☆☆
		シューベルトが"ます"を作曲した家	138
		現:銀行	SCHUBERT-09
	1	WIPPLINGER STR. 2	

かつて、サンスーシー夫人宅があったこの場所は、1818年11月1日から20年末までの間、シューベルトがマイヤーホーファーとここに建っていた建物の4階に同居し、ますクィンテットの作曲に着手した。ここの1階はタバコ屋でパイプ好きな二人には好都合だった。ここでの生活は貧乏なボヘミアン生活だったが幸せなものだった。

			☆☆☆☆☆
		モーツアルトが盛んに稼いだ時期の住居	139
		現:オーバーバンク	MOZART-09
	1	WIPPLINGER STR. 14	

1782年12月から翌年83年2月までここの4階に住む。この時期、予約演奏会を盛んに開き、音楽家として充実し多忙な日々を送った。ハイドンセットやピアノ協奏曲11、13番をはじめ名曲が多く生まれた。

	シューベルトがおとなしく 単身で生活した家	☆☆☆
		140
		SCHUBERT
1	WIPPLINGER STR. 15	

1821年初旬から10月までの期間、マイヤーホーファと別れ一人暮らし始める。10月にザンクトペルテン旅行から、ここに帰らずショーバーの家（64）へ直行。

	29歳のシューベルトが住む	☆
		141
		SCHUBERT
1	WIPPLINGER STR. 17	

1826年ほぼ毎週シューベルティアーゼが開催され引っ張りだこだった時期に住む。

	モーツアルトが交響曲35番作曲した家	☆☆☆☆☆
		142
	赤いサーベルの家	MOZART-03,08
1	WIPPLINGER STR. 19	

モーツアルトはここに2回住んだ。一回目は、1768年の1月10日午後5時から12月までで、1月19日にマリア・テレージア再謁見したり、1月下旬からみてくれの馬鹿娘の作曲を始める。二回目は1782年8月2日にシュテファン教会で結婚式を挙げる直前の7月23日にここに移り、12月までの短い期間であったが新婚生活を送りながら、交響曲35番K385（82.7）、ピアノ協奏曲イ長調12番k414（82秋）、ホルン五重奏曲変ホ長調k407（82後期）などの名曲が作り出された。

	シューベルトがショーバーと同居した家	☆☆☆
		143
		SCHUBERT
1	WIPPLINGER STR. 20	

シュパウンから紹介された裕福な下級貴族の息子だったショーバーと気が合い1815年からここで同居。

	シューベルトが同居した シュヴィントの下宿先	☆☆☆☆☆ **144**
	煙突掃除人の看板	MOZART SCHUBERT-10
1	WIPPLINGER STR. 21	

ここは、修道院があった場所で、1773年8月7日17歳のモーツアルトが父と訪れて、ここの教会で
ヴァイオリン協奏曲を演奏した。しかし、1783年に皇帝ヨーゼフ2世の命で閉鎖された。その後アパートになり、1821年初旬からシューベルトがWIPPLINGER STR. 2番(138)を出て、新しい友のシュヴィントの下宿場所であったここで同居するも、しかし、二人の生活は合わなかったようだ。

	モーツアルトが天然痘避難から 戻って来た時の宿	☆ **145**
		MOZART
1	WIPPLINGER STR. 25	

天然痘流行で避難したオルミッツから1768年1月10日再びウイーンに戻って来て、ここにあった宿に
とりあえず泊まる。ここは、後のモーツアルトのウイーン時代初期に一人移り住んだところでもある。

	ドニゼッティ2年間のウイーンでの住居	☆☆ **146**
		DONIZETTI
1	WIPPLINGER STR. 5	

1843年(46歳)から45年(48歳)までの2年間の住居。この間の44年には、梅毒や神経障害に見舞
われ、45年にはベルガモに戻る。

	皇室ご用達カフェの出店	☆☆ **147**
	カフェ:ハイナー	カフェ
1	WOLLZEILE 9	

皇室御用達。本店のケルントナー通り(305)の出店。

	ハイドンが働いた教会	☆ **148**
	旧市庁舎内のサルバトール教会	HAYDN
1	WIPPLINGER STR. 6	

ここにあった旧市庁舎内のサルバトール教会で、ハイドン兄弟が音楽監督として働く。

	ハイドンの人形も登場する時計	☆☆☆☆
		149
	KUNSTUHR（アンカー時計）	HAYDN
1	HOHER MARKT 10-11	

1914年につくられた幅10m高さ7.5mの人形時計では、いろいろな歴史的名士が出てきます。その中で11時はマリア・テレージア、12時にはハイドンが現れます。

	シューベルティアーゼを 毎日こなしていた時期の住居	☆☆☆
		150
		SCHUBERT-17
1	BÄCKER STR. 6	

1826年秋ショーバー家であったここで同居した。この時期は、人気の高まりで、ほぼ毎日シューベルティアーゼが開催された。

	シューベルトが寮生活を送ったコンヴィクト	☆☆☆☆☆
		151
	シュタットコンヴィクト	HAYDN SCHUBERT-3
1	DR.IGNAZ-SEIPEL-PLATZ（G）	

ハイドンが、1808年3月27日ここで開催された天地創造のイタリア語での演奏会時、招待をうけて聞きに来た。また、この年の秋から1813年秋までの5年間シューベルトがサリエリの合唱指導のもと、宮廷聖歌隊員として寮生活をおくった。

	ブラームスが常連のレストラン	☆☆
		152
	LINDENKELLER	レストラン
1	ROTENTURMSTR. 12	

1435年から続くレストランで、ブラームスが良く通った。入口は向かって右側の地下。

		☆☆
カラヤンの師のシャルクの生家		153
1	ROTENTURMSTR. 18 /FLEISCHMARKT 1	BERG SCHALK

この角にあった劇場で1914年ベルクのオペラ“ヴォツェック”が初演された。また、Fleischmarkt 1側は、1863年5月27日生まれでカラヤンの師であったフランツ・シャルクの生家のあった所。彼は国立歌劇場、指揮者、総監督として活躍し、R・シュトラウスと共同監督の時期に、1919年10月10日に影の無い女の世界初演は有名。また、ウイーン音楽アカデミー指揮科の教授も勤め、指導者としても活躍した。

		☆☆☆☆☆
作曲家のサインが見られるレストラン		154
	R:グリンヒェンバイスル	レストラン
1	FLEISCHMARKT 11	

ウイーン最古のレストランで、ベートーベン、シューベルト、シュトラウスなどが訪れ、壁、天井に彼らのサインがある部屋がある。この部屋は人気があり、早めの予約が必要。

		☆☆
スッペの住居		155
	現:雑居ビル	SUPPE
1	LAURENZERBERG 5	

スッペが64歳の1883年秋から87年11月まで住んだ。そのころは、シュトラウス2世の成功の影に霞んだ日々を送る。

		☆
戦後の小劇場		156
	カンマーオーパー	劇場
1	DRACHEN GASSE 1-3	

1954年8月1日セビリアの理髪師の上演でオープンし、1961年ここに移った。約300席の小劇場だ。

		☆☆☆
	デュッタースドルフとヘルベックの生家で フックスも住んだ家	**157**
1	FLEISCHMARKT 14	DITTERSDORF FUX HERBECK

モーツアルトへ影響与えたデュッタースドルフ（1739年生まれで1761年からウイーン宮廷楽団で活躍し、69年ウイーンを出た。その後、99年ボヘミアで死去）の生家があったところで、シュテファン教会の楽長でもあったフックスも、1715年から41年2月14日81歳で死去するまで住んだ。さらに時代が下り1831年12月25日には、ヘルベックがここで生まれた。彼は、宮廷歌劇場総監督、宮廷学長、楽友協会演奏会監督、楽友協会合唱団指揮者などで有名。また、1866年12月17日には楽友協会オーケストラを指揮し、未完成の初演。1870年2月27日には、ニュールンベルクのマイスタージンガーやブルックナーの第3番交響曲の初演したことでも有名。

		☆
	シューベルトの友達が自殺した家	**158**
1	FLEISCHMARKT 19	SCHUBERT

1836年シューベルトやマイヤーホファーの友達だったディヒターが自殺したところ。

		☆☆☆☆☆
	モーツアルト、ショパン、リストらも 宿泊したホテル	**159**
	H：ポスト（白い牡牛）（ロンドン市）	MOZART-1 CHOPIN LISZT WAGNER
1	FLEISCHMARKT 24-28	

モーツアルト一家がウイーン初訪問の1762年10月6日午後3時にウイーンに入り、ここに宿泊した。到着後すぐの9日コラルト宮殿でのお披露目にはじまり、13日のシェーンブルン宮殿での、マリア・テレージアの御前演奏で神童ぶり発揮。瞬く間にウイーン中に神童ぶりの評判が広まった。そして、ここには10月19日まで宿泊した。時代を経て1830年にショパンが宿泊したのをはじめ、リスト、ワーグナーもここに泊まった。

		☆☆☆☆☆
	ブラームスの国内演奏旅行が 多かった時期の住居	**160**
1	POST GASSE 6	BRAHMS-6

1866年11月から翌年67年春までここの5階が住居で、この時期はオーストリア国内演奏旅行が多かった。しかし、近くの兵舎からの騒音に悩まされる。

	カラヤンの定宿	☆
		161
	H：オーバンリング（Am Opernring Best Western）	KALAYAN
1	OPERNRING 11	

カラヤンの1950年代、60年代の定宿。

	スッペの終焉の家	☆☆☆☆☆
		162
		SUPPE
1	OPERNRING 23（G）	

父が死んで、母の故郷であったウイーンに1835年（16歳）移り、1863年（44歳）までここに住む。1841年からヨーゼフシュタット劇場、45年からアン・デア・ウイーン劇場の指揮者兼作曲家として活躍。その後1862年アンデアウイーン劇場の倒産に伴いウイーンの劇場を転々とする。また、オッフェンバックに刺激され作曲した"女学生寮"（1860年）によりウイーン・オペレッタのブームがスタートした。、前妻が死去した65年にここに戻り、翌年66年には22歳年下のゾフィー・シュトラッサーと再婚し、活動活発化する。そして、1895年5月21日ここで死去した。

	シュトルツ全盛期の住居	☆☆☆☆
		163
		STOLZ
1	ELISABETH STR. 16	

1935年から1975年までの所有していた住居だが、世界を渡り歩いていたために実際住んだのは、1935年から38年、1945年から75年の2つの期間。オペレッタ銀の時代の最後の巨匠として、映画、オペレッタ、ミュージカルと大活躍した。彼は1899年シュトラウス2世と出会って、軽音楽専門になった。また、映画音楽でも2度アカデミー賞にノミネートされた。

	未亡人アルマの住居	☆
		164
		MAHLER
1	ELISABETH STR. 22	

マーラーの死後（1911年）3年経った、1914年から31年までの妻アルマの住居で、プフィッツナーやアルバン・ベルク夫婦をはじめ多くの芸術家が集った。

	多くの芸術家が通ったカフェ	☆☆☆ 165
	カフェ：ムゼウム	カフェ
1	FRIEDRICHSTR. 6	

1899年建築家アドルフ・ロースが分離派から決別し、装飾性を排除した簡素なデザインの建築物として建設された老舗のカフェで、国立歌劇場の近くというロケーションもよく、入りやすい。ここには、ブルックナー、マーラー他クリムト、シーレ、ココシュカらが通った。

	新しい芸術運動の象徴的建物	☆☆☆☆☆ 166
	セセッション	BEETHOVEN MAHLER
1	FRIEDRICHSTR. 12	

1897年から98年にかけて建てられた。正面入口のスローガンには「時代にはその芸術を、芸術にはその自由を」の文字が刻まれている。地下のベートーベンフリースは、クリムトが描いた「歓びの歌」の壁画が有名。開館式では、マーラーがここで壁画にちなんでベートーベンの第9交響曲を指揮した。

	ブルックナーも教壇に立ったウイーン大学	☆☆☆ 167
	ウィーン大学	BRUCKNER HANSLICK
1	DR.KARL LUEGER-RING 1	

ブルックナーが1875年から音楽理論の講師として後進の指導にあたり、1891年11月7日名誉哲学博士となる。中庭左側壁面に銘板がある。その側に、仇敵のハンスリックの像もある。

	ヨハン・シュトラウス2世の 胸像もある市庁舎	☆☆☆ 168
	市庁舎	STR-II
1	DR.KARL LUEGER-RING 1	

ヨハン・シュトラウス2世の胸像もある市庁舎。

	伝統ウイーン料理レストラン	☆
		169
	R:ラートハウスケラー	レストラン
1	RATHAUSPLATZ 1	

市庁舎地下にある、ウイーン料理店。値段もリーズナブル。

	市庁舎に近いカフェの名店	☆
		170
	カフェ:スルカ	カフェ
1	RATHAUSPLATZ 8	

1891年スルカが創業。古き良きウイーンムードが残る皇室ご用達の店。

	戦後活躍したチェンバロ奏者の家	☆
		171
		SOKOLOWSKI
1	LICHTENFELSGASSE 7	

1911年2月13日に生まれたチェンバロ奏者、ピアニスト、オルガニストだったソコロフスキーの住居。彼は、1982年9月6日没した。

	ウインナワルツを牽引した二人の像	☆☆
		172
	市庁舎広場	LANNER
		STR-I
1	DR.KARL LUEGER-RING 1	

1904年ローベルト・エアレイ製作のシュトラウス1世とランナーの記念碑で、当初は非常に仲が良かったがその後喧嘩別れをした二人が、今、仲良く寄り添って、立っている。

	シュトラウスの末っ子エドワルドの住居	☆☆☆
		173
		STR-EDUARD
1	REICHSRATS STR. 9	

1886年から1916年12月28日の間シュトラウスの末っ子エドワルトが最後まで住んでいた家で、1906年の本人が語った昔の家族の思い出話やエピソードはシュトラウス一家の研究に役立った。しかし、翌年1907年10月22日、神経障害により家に火をつけたために、多くの楽譜・音楽文書が消失してしまった。

	王宮前の花壇がきれいな庭園	☆
		174
	市民庭園	STR-I
		STR-II
1	DR.KARL LUEGER-RING 2	

1823年開園した庭園で、シュトラウス1世がここで演奏したが、シュトラウス2世も2日後に父のオーケストラを指揮してデビューした。

	標準ドイツ語での演劇劇場	☆☆☆
		175
	ブルク劇場	劇場
1	DR.KARL LUEGER-RING 2	

1742年ミヒャエル広場にあったが、リング建設のため現在地へ移転、1888年10月14日に開場したが、大戦で破壊され、1955年10月15日改修後再開幕。今では演劇が中心。これらの演劇は、全て標準ドイツ語で演じられる。

	リング沿いの高級カフェ	☆
		176
	カフェ:ラントマン	カフェ
1	DR.KARL LUEGER-RING 4	

1873年リング通りの建設ラッシュ時に出来る。周辺に官庁関係建物、ブルク劇場もあり、政治家他有名人が顔を出す高級カフェ。マーラーやクリムトも常連だった。

	シューベルトがよくここでのミサに参列	☆☆
		177
	ミノリッテン教会	SALIERI
		SCHUBERT
1	MINORITEN PLATZ	

1816年6月この教会でサリエリのウイーン在住50周年記念演奏会が開かれ、フレーリヒ家の3人の娘(180)に混じって19歳のシューベルトも来てミサを聞いた。

1
I
100

101
I
200

201
I
300

301
I
400

401
I
500

501
I
561

	ベートーベンの名声確立時期の住居	☆☆☆☆☆
		178
	オグルヴィッシェン・ハウス	BEETHOVEN-2
1	LÖWEL STRASSE 6 /METASTASIO GASSE 4	

ベートーベンが1795年5月に引っ越してきた家で、ハイドン、アルブレヒツベルガー、シェンク等に師事した学習時代を過ごした。ここでは弦楽四重奏曲op18とか熱情ソナタなどを作曲し、ピアニストとしてウイーン音楽界で名声を築き、多分1800年(又は1796年2月)まで住んだ。

	シューベルト最後のシューベルティアーゼ開催	☆☆
		179
		BEETHOVEN SCHUBERT
1	SCHREYVOGEL GASSE 1 /TEINFALT STR. 8	

ベートーベンがフランス軍侵攻後1809年後半に短期間住んだ。その後、シューベルトの学友スパウンの家となり、シューベルトが死んだ1828年1月28日にここで最後のシューベルティアーゼを開き、ピアノトリオ変ホ長調D929が演奏された。

	シューベルティアーゼをリードした3姉妹の家	☆☆☆☆☆
		180
	ドライメーデルハウス	SCHUBERT
1	SCHREYVOGEL GASSE 10	

1820年頃からここフレーリヒ家のサロンで度々シューベルティアーゼが開催され、多くの作品が披露された。芸術愛好家だったフレーリヒ家には、4姉妹いたが、次女が結婚したので、他の3人がシューベルティアーゼの中心だったが、シューベルトとは特別な関係はなかったらしい。

	ベートーベン全盛期の家で名曲が多く作られた	☆☆☆☆☆
		181
	ベートーベン記念館	BEETHOVEN-11, 12,14,19,21,23
1	MÖLKER BASTEI 8 PASQUALATI HAUSE	

1804年9月から1809年秋までと1810年春から1814年初旬(または15年4月14日)の2回、この家の5階に住んだ。しかし、この期間は、この家を所有したまま、各地を飛び回った。そのため居た期間は間欠的で、No.11=1804-05夏:12=05初-07夏:14=07冬-08夏:19=10春:21=10夏-13夏:23=13夏-12月で、特に後半の時期は、ダイム夫人や不滅の恋人との恋愛関係を持ち、フィデリオがアテネの廃墟等の序曲をつけて初演され大成功をはじめ、4,5,7番交響曲。ピアノ協奏曲4番、ヴァイオリン協奏曲、14年8月16日ピアノソナタop90が完成させるなど多くの名曲を生み出し充実した生活を送った。

		☆☆☆☆
	フィデリオ仕上げの家	**182**
		BEETHOVEN-24,25
1	MÖLKER BASTEI 10	

No.24=1814年4月からここに移り、フィデリオに2種類の序曲を付けての演奏を試した。夏に入るとバーデンで避暑。No.25=9月に戻って15年1月18日にはキンスキー侯との年金問題で和解し、支給が再開される。しかし、1815年4月14日リヒノフスキー侯の死去により、夏にはここを去る。

		☆☆☆☆☆
	ブルックナー後期の交響曲を作曲した家	**183**
		BRUCKNER
1	HESS GASSE 7 /MARIA THERESIEN STR. 角 /SCHOTTENRING 5	

1877年から95年まで、家主が音楽愛好家だったここの最上階に住む。そして、1886年ぐらいから作曲家として認められはじめ、86年7月8日には、フランツ・ヨーゼフから勲章をうける。ここで、第6~9番交響曲を作曲した。

		☆
	ブルックナーも宿泊した名門ホテル	**184**
	H:ド・フランス	BRUCKNER
1	SCHOTTENRING 3	

1872年創業名門ホテルで、ブルックナーが隣のアパート(183)に移る前に度々宿泊した。

		☆
	リング沿いにあった大劇場の跡	**185**
	リング劇場跡	劇場跡
1	SCHOTTENRING 7-9	

1874年客席数1700の大劇場として開場するも、1881年12月8日ホフマン物語開演前に出火し大火災で386人犠牲となる。その後、ヨーゼフ2世が再建する。しかし、第2次大戦で再び破壊された。

		☆
	音楽家ご用達ホテルの一つ	**186**
	H:レギーナ	ホテル
1	ROOSEVELTPLATZ 15	

1896年醸造所を改装して出来た名門ホテル。2007年改装。4つ星。147室。

	ウエーベルン学生時代の家	☆☆☆☆
		187
		WEBERN
9	FERSTELGASSE 6	

1902年から1912年このアパートに家族と住みました。この時期は、02年からウイーン大学で音楽学を学び学位をとる。この時期に学んだ古楽の知識がその後に影響を与えた。04年からはシェーンベルクに師事し、まさにこの家で音楽修行の時代を過ごした。

	ヴォルフの葬儀が行われた教会	☆☆
		188
	ヴォティーフ教会	WOLF
9	VOTIVKIRCHE	

1903年2月ここで執り行われたヴォルフの葬儀に、マーラーや当時若いウエーベルンも参列した。

	当時の現代音楽演奏会の中心	☆☆
		189
		SCHOENBERG
9	TÜRKENSTR. 17	

ここで、ウエーベルン、レハール、シューンベルクらが新しい音楽に興味のあるファンを集め、1918年から室内楽やコンサートをはじめた。その回数は117回を数えた。

	シューベルトの看病をした兄夫婦の家	☆☆
		190
		SCHUBERT
9	BOLTZMANNGASSE 6	

1810年から1820年までの間、シューベルトの兄フェルディナントがここにあった孤児院で新妻と住み、教えていた。そして、発症していたシューベルトの面倒をここに呼んでみていた。

	モーツアルト晩年の3大交響曲作曲の家	☆☆☆☆☆
		191
		MOZART-16
9	WÄHRINGER STR. 26(G)	

1788年6月17日から翌年89年1月までの住居で、経済的理由から城壁外に出てここに住む。銘板にコシファントッテ作曲と書かれている点や90年秋まで住んだと言うのも間違い。引っ越して間もなくの6月26日には、交響曲39番、3日後の29日に長女死去、7月に入り交響曲40番、8月に交響曲41番と驚異のスピードで作曲し、困窮からの脱出を図るも、暮からさらに経済状態悪化しピアノ三重奏も含む機会音楽の作曲が増える。

	ブルックナー前期の交響曲を作曲した住居	☆☆☆☆
		192
		BRUCKNER
9	WÄHRINGER STR. 41(G)	

リンツから移ってきた1868年10月1日から76年までの住居。ここではウイーン音楽院教授として、反ワーグナー派のハンスリックと戦いながら作曲進める。ここで第2~4番交響曲作曲。

	オペレッタの殿堂	☆☆☆☆☆
		193
	フォルクスオーパー	劇場
9	WÄHRINGER STR. 78	

1898年12月14日開場したが、第2次大戦により1944年7月13日から45年4月30日まで休館となる。そして、翌日の5月1日から再開された。ウイーン一般市民会員が多いが、チケットは比較的入手しやすい。

	ハイドンが時々通った教会	☆
		194
	セルビテン教会	HAYDN
9	SERVITENGASSE 9	

ハイドンが持病の足の痛みに悩まされていたころに、拝みによく通った。

1
|
100

**101
|
200**

201
|
300

301
|
400

401
|
500

501
|
561

	シュトラウス1世楽団が 定期的に出演した居酒屋	☆ **195**
	ツム・ヴァイセン・シュヴァン	STR-I
9	SERVITENGASSE 16	

1827年9月末に出演契約が出来た居酒屋跡。

	シューベルトが梅毒の発病した時期の実家	☆☆☆☆☆ **196**
	現：シューベルト小学校	SCHUBERT-08,13,15
9	GRÜNENTOR GASS 9-11	

1818年1月から父がロッサウの学校長になったために、Saeulen gasse（444）からここに来た。そして、シューベルトが生涯3回にわたって出入りした両親の家で、1913年に壊され今は学校の一部になっている。順に紹介しよう。一回目は⑧1818年初旬から10月の間にころがりこんだ。この間の1818年3月1日初有料演奏会開く。その後、マイヤーホーファーやショバーと放浪生活で飛び出すも、2回目は⑬1822年秋から23年初頭も住む。ここで1822年12月（24歳）梅毒感染発病。3回目は⑮1824年10月から25年1月再びここの父の学校兼住居に戻る。

	ベルク20歳の時期に住んだ家	☆ **197**
		BERG
9	BERG GASSE 17	

ベルクが20歳の1905年末までの住居。

	マーラーの学生時代に一時滞在した家	☆ **198**
		MAHLER
9	BERG GASSE 20	

多分1878年ごろ、学生時代に一時期滞在した家。

	ベートーベンがフィデリオの 構想を描いた家	☆☆ **199**
		BEETHOVEN－9
9	GARNISONGASSE 9-11 （or 7）	

1804年5月初旬数週間住みこの間、ジョゼフィーネと親しくなり、フィデリオの構想がスタートした。

		☆☆☆☆☆
	ベートーベンの終焉の家	**200**
		BEETHOVEN-58,60
9	SCHWARZSPANIER STR. 15	

この建物の3階に1825年10月15日から住み27年3月26日に死亡した最晩年の家があった。この時期は、25年11月29日ウイーン楽友協会名誉会員へ推挙されるも、26年1月下旬に腹部、眼を患う。26年7月29日甥カールがピストル自殺図る。26年9月28日から12月2日の期間グナイセンドルフの弟の家(548)にカールと行くが冷気で病状悪化。26年12月から翌年2月にかけて4回腹水除去手術。そして、いよいよ27年1月3日遺言作成。3月24日意識失い、26日午後5時45分死去した。(No.58=1825.10.15-1826春:60=1826.12-1827.3.26)

		☆☆☆☆
	ウイーン市内での最大総合病院	**201**
	(市立総合病院)VIENA GENERAL HOSPITAL	SALIERI
9	ALSER STR. 4 /SPITALGASSE1b	SCHUBERT BRAHMS WAGNER

サリエリは、ここの精神病棟に1823年自殺未遂で運ばれてから、2年後の75歳までいた。シューベルトは梅毒二次的症状のために1823年5月から7月と10月病院に通った。その発疹のために毛をそってもらったため、一時的にかつらをつけなければならなかった。時代は下り、この病院の医者であったドクター・スタンドハルトナーはエリザベス皇后(Sisy)や1875年にはワーグナーの主治医で、また、テオドール・ビルロースは外科医でブラームスとも親交が厚く、ブラームスの伝記も書いた。

		☆☆☆☆☆
	ベートーベンの葬儀が行われた教会	**202**
	アルザー教会 TRIVITY CHURCH	BEETHOVEN SCHUBERT
8	ALSER STR. 17 /DREIFALTIGKEITKIRCHE	

1827年3月29日午後3時からベートーベンの葬儀が行われてことで有名なこの教会では、1828年9月2日シューベルトの信仰と希望と愛D954が初演され、翌年の1829年10月4日には、シューベルトのミサ変ホ長調を兄フェルディナントが指揮して初演が行われた。

		☆
	シェーンベルクの家	**203**
		SCHOENBERG
9	ALSER STR. 32	

兵役に服していた時期のシェーンベルク43歳の1917年10月から翌月11月までの住居。

		☆☆
	ワグネリアン協会を発足させた ゴールドマルクの家	**204**
		GOLDMARK
9	ALSER STR. 8	

ゴールドマルクは、1830年5月18日に生まれ、1915年1月2日に死去したユダヤ人作曲家で、ワーグナーの影響を受け、ウイーンでの最初のワグネリアン協会を発足させた。また、ウイーン音楽院の教授として後進の教育者としても有名。

		☆☆
	シュランメルの記念碑	**205**
		SCHRAMMEL
17	ELTERLEINPLATZ	

シュランメル四重奏団の記念碑。

		☆☆
	カールマンのアパート	**206**
		KALMAN
9	ALSER STR. 18	

1909年ブタペストを離れ、アンデアウイーン劇場で上演されるオペレッタ「陽気な軽騎兵」のドイツ語版の演奏のためにウイーンに来て、ここにあった小さいアパートに住んだ。

		☆☆
	ヴォルフが死んだ精神病院	**207**
	州立精神病院跡	WOLF
9	LAZARETTGASSE 14	

トラウン湖での自殺未遂の後、1898年10月ここにあった州立精神病院に収容され、1903年2月22日狂気のままここで他界。

	マーラー終焉の地	☆☆☆☆☆ 208
		MAHLER
9	MARIANNENGASSE 20	

1911年（51歳）1月ニューヨークで第4交響曲を最後の自作指揮する。この時期から急速に健康悪化が進む。2月21日ニューヨークフィルとの最後の演奏会を行い、直後に敗血症で重体になる。4月8日ヨーロッパに出発し、パリで治療を受けてから瀕死状態で5月12日ウイーンへ戻り、6日後サナトリウム・レーヴェのあったここで5月18日午後11時5分花に囲まれて息を引き取った。

	ブラームスの伝記を書いた医師の家	☆☆☆☆ 209
		BRAHMS
9	ALSER STR. 20	

親交のあったアルゲマイネス病院（201）外科医ビルロース（大学教授）の家で、彼はブラームスの伝記も書くが、1894年2月にビューローと同時期にブラームスより早く死ぬ。ビルロースは、ブラームスの1878年4月9日からの初めてのイタリア旅行や1881年3月25日からの第2回目イタリア旅行、1882年9月8日から第三回目のイタリア旅行の時にも同行した。

	ベートーベンのウイーンでの初めての住居	☆☆☆☆☆ 210
	現：カメラ店、カフェ	BEETHOVEN-1
9	ALSER STR. 30	

1792年11月10日から95年5月までここのリヒノフスキー侯爵邸の屋根裏がウイーンに於ける最初の住まい。ここでは、ハイドン、サリエリに師事する一方92年12月18日父がボンにて死去。93年7月にアルタリア社でウイーン初出版。94年6月弟カール・カスパールがウイーンに移住。10月フランス軍ボン方面侵入のためマクシミリアン選帝候退位。そのため学費支給がたたれ、ピアノの先生や作品出版で自活の道を開拓開始。95年3月29日から31日までピアノ協奏曲第2番初演とモーツアルトのピアノ協奏曲k466等演奏しデビュー大成功。

	アイスラー生誕地	☆☆ 211
		EISLER
17	THELEMAN GASSE 8	

1874年3月12日生誕の地。

	シューベルトが 生前最後の音楽を聴いた教会	☆☆☆ 212
	ヘルナルス教会（KALVARIEN KIRCH）	SCHUBERT
17	ST.-BARTHOLOMÄUS-PLATZ /KALVARIEN BERG GASSE	

シューベルトが死の16日前の1828年11月3日に、兄フェルディナントが作曲したレクイエムを聴きにいった。これは、彼が聞いた最後の音楽となった。

	シュランメル兄弟の終焉の地	☆☆☆ 213
		SCHRAMMEL
17	KALVARIENBERG GASSE 36 /RÖTZERGASSE 13	

兄ヨハン（1850年生まれ）、弟ヨーゼフ（1852年生まれ）は、この家で四半世紀の晩年を過ごし、兄は1893年、弟は1895年共に43歳でこの家で死去。

	シュランメル兄弟の墓地	☆☆☆ 214
	ヘルナルゼー墓地	SCHRAMMEL
17	L.-KUNSCHAK=PLATZ /HERNALSER FRIEDHOF	

兄ヨハンは1893年死に、ヨーゼフは2年後の95年に続き、二人はここのヘルナルゼー墓地に埋葬された。

	シュバイツアーの住居	☆☆ 215
		SCHWEITZER
8	FLORIANI GASSE 8A /ECKE SCHLOSSELG	

1875年に生まれたシュバイツアーは、哲学者、神学者、医者、かつバッハの研究家でもあり宣教師でもあった。この家は、34歳の1909年の時の家。

	シカネーダーの終焉の家	☆☆☆ 216
		SCHIKANEDER
8	FLORIANI GASSE 10 /SCHLOSSELGASSE 7	

1801年アン・デア・ウイーン劇場を開設したが、翌年売却。06年から09年ブルク劇場で監督を勤めた。ナポレオン来襲により、家を失い無一文で、1812年ブタペストで新しい劇場を引き受けたが、精神病となりウイーンに戻され、その年の1812年9月21日死去した家。

1–100

101–200

201–300

301–400

401–500

501–561

	ブルックナーがオルガンの試験を 受けた教会	☆☆☆☆☆ 217
	ピアリスト教会	BRUCKNER LISZT HINDEMITHS
8	JODOK-FINK-PLATZ	

ここのオルガンは1858年カール・バックロウにより製作され、3本のマニュアル、36鍵をもち、1861年11月21日ブルックナーがこれで特別試験を受け、審査員から絶賛を浴びた。後に、リストもこのオルガンに興奮したとのこと。1963年1月12日には、ヒンデミット自身がミサを演奏し、これが最後の演奏となり6週間後に死去した。

	マーラーが18歳の夏に過ごした家	☆ 218
		MAHLER
8	FLORIANI GASSE 16	

学生時代の1878の年夏、ここで過ごした。

	アイスラーの胸像	☆ 219
		EISLER
8	FLORIANI GASSE 24	

ここの公園にアイスラーの胸像がある。

	シューベルトが冬の旅の一部を 作曲した旅館	☆☆☆ 220
	旅館：オーストリアの女帝館	SCHUBERT
17	DORNBACHER STRASSE 101	

この家に1827年5月から6月の期間、または夏滞在し、冬の旅の一部もここで作曲された可能性がある。

	ベートーベンの献堂式で開場した劇場	☆☆☆☆ 221
	ヨーゼフシュタット劇場	BEETHOVEN STR- II SUPPE
8	JOSEFSTAEDTER STR. 24-26	

ベートーベンが1822年10月23日の開場式のため「献堂式」を作曲したことで有名なこの劇場では、その後、ヨハンシュトラウス2世が、ここのホワイエで演奏を繰り広げ、また、1840年にはスッペが指揮者として登場した。

1-100
101-200
201-300
301-400
401-500
501-561

ベートーベン49歳の時の住居		☆☆☆
		222
現：警察		BEETHOVEN
8	JOSEFSTAEDTER STR. 39	

1819年10月末から20年2月までの住居で、この期間、カールの後見人問題で判決の再審を控訴するなど、イライラしていた時期を過ごした。但し、この時期は、BALL GASSE（33）がメインの様だ。

ベートーベンがスランプ時期の家		☆☆☆
		223
		BEETHOVEN-44
8	JOSEFSTAEDTER STR. 57	

1820年の秋（または22年春）の住居。ここにメードリングから戻る前の6月に、カールが母ヨハンナの元へ逃げ帰るも、7月24日に後見問題に決着がつき、ベートーベンが勝利する。しかし、スッキリしない状態で作曲どころでなく、これ以降あまり作品を生み出さなくなる。

シューベルトの兄が勤めていた学校		☆☆
		224
SCHLHAUS		SCHUBERT
8	TIGER GASSE 4	

兄フェルディナンド・シューベルトが1821年からずっとここで教師として働いた。現在は幼稚園になっている。

12音技法を発展させたハウアーの終焉の住居		☆
		225
		HAUER
8	JOSEFSTAEDTER STR. 74	

1883年3月19日ウイーンの南のノイシュタットで生まれ、シェーンベルクより早く独自に12音技法を発展させた作曲家で、ここで1959年9月22日に死去した。

ヴォルフが梅毒と戦っていた時期の家		☆☆☆
		226
		WOLF
8	PIARISTENGASSE 32	

1894年建てられたこの家「黒い子羊 Zum schwarzen Lamm」の部屋に、ヴォルフが1896年初旬の数カ月の住んだ。この頃から、梅毒の再発が進み始めていた。

		☆☆
	ワルツ戦争の舞台となったアポロ劇場跡	227
	Apollo劇場跡	LANNER
7	ZIEGLERGASSE 15	STR-1

1808年開場した劇場で、ランナーやヨハン・シュトラウス1世らがしばしば指揮台にたった。その後、1839年閉館し、石鹸・ろうそく工場となったが、76年火災で焼失した。

		☆☆
	シュトラウス2世が通ったカフェ	228
	現:ビアホール(SiebenssternBraeu)	STR-Ⅱ
7	SIEBENSSTERNGASSE 19	LEHAR

シュトラウス2世やレハールが、しばしば訪れたレストラン・カフェSchonerで、近くに住んでいたベルクも来ていた。

		☆☆
	シベリウスの師でもあったゴールドマルク邸	229
		GOLDMARK
7	KIRCHBERGGASSE 17	

1830年5月18日に生まれ、1915年1月2日に死去したユダヤ人作曲家の家で、彼は独学で作曲を学びワーグナーの影響をうけた。ウイーン音楽院時代には管弦楽法の教授となり、シベリウスも教えた。

		☆☆☆
	アイスラー終焉の住居	230
		EISLER
8	ZELT GASSE 14	

1874年3月12日に生まれたエドムント・アイスラーは60にのぼるオペレッタを作曲したが、1949年10月4日ここで死去した最後の住居。

		☆
	ヨーゼフ・シュトラウスを記念とした公園	231
		STR-JOSEF
7	KAISER STR. 102-104(G)	

ヨーゼフ・シュトラウスの名をとった公園。

	リーグナーがウイーンでの オペラデビューした劇場跡	☆☆☆☆
		232
	ターリア劇場跡	WAGNER
16	THALIA STRASSE 1 /GURTEN	

1856年8月14日開場し、4000人収容の大ホールを有していたが、1869年6月30日の最後の上演ま で建っていたが、ホフマン支配人の破産で翌年1月取り壊した。トピックスは1857年8月28日当時 不道徳ということで宮廷歌劇場では上演されなかったタンホイザーが初演され、好評を博し、ワー グナーのウイーンにおけるオペラデビューをかざる。

	シュトラウス2世が よく舞台にたったホテル跡	☆☆☆
		233
	H:ツム・ブラウン・フラッシュ跡	STR-II
16	NEULERCHENFELDER STR. 14	

ヨーロッパ中が革命嵐が吹き荒れていたころ、シュトラウス2世自身も革命を支持していたころの 1848年よくここで演奏。

	ヨハン・シュトラウス2世生誕の地	☆☆☆☆☆
		234
		STR-II-1
7	LERCHENFELDER STR. 15(G)	

1825年10月25日に生誕した生家のあったところで、その家は1890年取り壊され、現在の建物は 新しいもの。

	ベルクの少年時代の家	☆☆
		235
		BERG-3
7	SCHWEIGHOFERGASSE 8	

Tuchlaubenにあった生家(134)に住んでいたが、手狭になり、ここに移り、1899年から1905年ま で、住んだ。しかし、この期間は、1900年15歳の時に父親が死に経済的にも苦しい時期をここで 送った。

	モーツアルトの長男を預けた家	☆☆
		236
		MOZART
7	LERCHENFELDER STR. 65	

1783年7月下旬にモーツアルトが結婚を反対していた父にコンスタンツェを会わせるために、生後6週間の息子を置いて、ザルツブルクへコンスタンツェを連れて向かう。その際、ここに住んでいた保母に息子を預けた。しかし、その翌月8月には、この息子も死に、失意のうちに11月サルツブルクから戻ってくる。

	シューベルトがコーラス指導した教会	☆☆
		237
	アルトレルヒェンフェルダー教会	SCHUBERT
7	LERCHENFELDER STR	

シューベルトと兄フェルディナントが1820年から24年までの4年間、ここでコーラスを指導していた。また1823年、兄が弟のミサ曲変イ長調（第5番）の初演を指揮する。

	アウグスティンの立像	☆☆
		238
	アウグスティン立像	AUGUSTYN
7	NEUSTIFT GASSE /KELLERMANN GASSE端	

1645年ペスト大流行の最中に、バグパイプを弾いて居酒屋の流しをしていた歌手で、1685年3月11日没した実在した人物。

	ランナー、シュトラウス2世が洗礼を受けた教会	☆☆☆☆
		239
	ウルリッヒ教会	GLUCK
7	ULRICHS PLATZ	SCHUBERT LANNER STR-II

グルックが1714年7月2日洗礼を受け、1750年9月15日結婚式もここで行った。約50年後には、ランナーが1801年4月12日洗礼を受け、さらに24年後の1825年9月8日にはシューベルトのミサ曲ハ長調op.48,D452初演され、翌月の1825年10月25日には、ヨハン・シュトラウス2世が洗礼を受けた。

1 - 100
101 - 200
201 - 300
301 - 400
401 - 500
501 - 561

	チャイコフスキーの弟子で ホモ関係だったコテックの家	☆☆ 240
7	KIRCHEN GASSE 41	KOTEK TCHAIKOVSKY

チャイコフスキーの15歳年下の1855年11月6日生まれで、彼の弟子でホモ関係だったコテックの家。彼は、ヴァイオリニスト、作曲家でヴァイオリン協奏曲の作曲のアドバイスもした優秀な音楽家だったが、1885年1月14日30歳で亡くなった。

	ベルクの少年時代の家跡	☆ 241
7	BREITE GASSE 8 （4,6,8番が一つのビル）	BERG-2

ベルクが14歳の1899年春に、一時期住んだ。

	演劇を中心とした劇場	☆ 242
	フォルクス劇場	劇場
7	NEUSTIFTGASSE 1	

1889年開演した劇場で、古典劇から新作まで上演している。

	ランナーの生家	☆☆☆☆☆ 243
	ランナー記念館	LANNER
7	MECHITARISTEN GASSE 5(G)	

シュトラウス1世生誕の4年前の1801年4月12日生まれた生家で1788年建てられた。手袋職人の長男として生誕。ここで工業技術学校を中退しヴァイオリンを独学で学ぶ。

	エゴン・シーレの絵画が充実	☆☆☆ 244
	レオポルト美術館	美術館
7	MESSEPLATZ	

世界最大級のエゴン・シーレのコレクションが有る。また、ココシュカの「アルマ・マーラーとココシュカ」。ゲルストルの「庭園のシェーンベルク婦人」も必見。

		☆☆☆☆
	ツィーラーの生家	**245**
		ZIEHRER
7	WESTBAHN STR. 2-4	

1843年5月2日に生まれた生家跡。彼はここで独学で音楽を学びながら、家業の帽子製造を習得。その後、オーストリア帝国最後の宮廷舞踏会音楽監督まで登りつめた。その生家は、1899年取り壊された。

		☆
	ランナー楽団のベースホール	**246**
		LANNER
7	WESTBAHN STR. 16	

ランナーのダンス音楽がよく演奏されたホールがあった。

		☆
	シェーンベルクの新婚時代の住居	**247**
		SCHOENBERG
9	PORZELLAN GASSE 53	

1901年10月7日マティルデと結婚して初めて住んだ家。この家では現代ドイツ詩に熱中する一方、交響詩ペレアスとメリザンドを作曲し、1902年2月28日完成させる。

		☆☆
	シューベルト没後100年記念噴水	**248**
	シューベルト泉水	SCHUBERT
9	ALSERBACH STR /LIECHTENSTEIN STR角	

1928年シューベルト没後100周年記念でウイーン男声合唱協会が建立(F.モツシェック/T.シュトウンドル設計)した。

1–100
101–200
201–300
301–400
401–500
501–561

バラの騎士の舞台にもなった宮殿	☆☆☆☆☆ 249
アウエルスベルク邸	MOZART STR-RICHARD
8 AUERSPERG STR. 1	

ここではグルックやディッタースドルフが指揮をとって演奏した。また、1762年10月13日シェーンブルン宮殿での御前演奏会の夜、モーツアルトと姉ナンネルとが招かれたり、後の1786年3月13日にはモーツアルトの「イドメーネオ」私演が行われた。さらにリヒャルト・シュトラウスの「バラの騎士」に登場するオクタヴィアンのモデルになった夫人が住んでおり、第2幕の舞台のもとにもなった。

シューベルトの初恋相手の家	☆☆ 250
グローブ家	SCHUBERT
9 BADGASSE 8	

シューベルトの初恋相手グローブ・テレーゼの家で、彼女はミサ曲へ長調初演時ソプラノ・ソロを歌ってくれた。しかし、定職につかないシューベルトに愛想をつかし、パン屋に嫁ぐ。

マーラーの歌劇場監督時代の家	☆☆☆☆ 251
	MAHLER
1 BARTENSTEIN GASSE 3	

宮廷歌劇場総監督時代に、1898年2月までまず住んだところで、この時期は、1897年4月8日（当時37歳）にウイーン宮廷歌劇場の楽長職をやっと手に入れ、5月11日にローエングリーンで大成功デビューした。その後、10月8日に正式に総支配人に就任した。

市立図書館内の音楽資料館	☆☆☆ 252
MUSIKSAMMLUNG	音楽資料館
1 BARTENSTEIN GASSE 9	

市立図書館音楽資料館で、シュトラウスをはじめ、ミロッカー、スッペ、シュランメル、ベートーベン、ブラームス、シューベルトなどの貴重な資料が多く保管されている。

		☆☆☆☆☆
	ミサソレムニスの一部を作曲した家	**253**
		BEETHOVEN-38
8	AUERSPERG STR. 3 /TRAUTSOHN G 2	

1819年、20年の冬（又は19年秋から20年夏まで）に、ここの4（又は3）階で「メサソレムニス」のクレド、グローリアの部分を作曲した家で、この時期、カールの後見人として認知され安らぎをもった日々をおくれた。

		☆☆☆☆☆
	シェーンベルクの妻が入院した病院跡	**254**
		SCHOENBERG
8	AUERSPERGSTR. 9	

最初の妻マティルデが病気にかかり、ここにあった病院で治療に専念するもそのかいもなく1923年死んだ。

		☆☆☆☆☆
	ミサソレムニスを完成させた家	**255**
	ベートーベン博物館	BEETHOVEN-49
6	LAIMGRUBEN GASSE 22	

1822年10月から1823年5月17日までの住居で、ここでミサソレムニスの完成、ディアベリ変奏曲、ピアノソナタ32番を作曲し、22年12月からは第9交響曲の作曲に着手。また、23年4月に当時11歳だったリスト少年がウイーンデビュー直前にあたり、挨拶に父親と訪問してきた。その後4月13日レドゥッテンザール（100）の演奏会にリストが出演したのを聞きに行った。

		☆☆
	ランナーの30歳代に住んだ住居	**256**
		LANNER
6	GUMPENDORFER STR. 47	

ランナーが31歳（1832年）から37歳（1838年）まで住んだ住居。

		☆☆☆☆☆
	レハールが常連だったカフェ	**257**
	カフェ：スピール	LEHAR KALMAN
6	GUMPENDORFER STR. 11	

1880年創立。レハールがお忍びで一人でよく来た。カールマンもここを好んだ。

1-100

101-200

201-300

301-400

401-500

501-561

ベートーベンも住んだ アン・デア・ウイーン劇場	☆☆☆☆☆ 258
THEATHER AN DER WIEN	MOZART
6 LINKE WIENZEILE 6（G）	BEETHOVEN-7 SCHUBERT

入口の門上のパパゲーノ像で有名なこの劇場は、モーツアルトの「魔笛」が1791年初演されたことが目立つが、ベートーベンが、1803年3月から翌年04年2月11日まで約1年ここの2階の一室に弟カールと同居し、カールが出版社との交渉作業に着手した。しかし、劇場の所有権がシカネーダからブラウン男爵に移り劇場とベートーベンの契約が無効となり退去となる。また、5,6交響曲、フィデリオ、英雄（04.5/F完成）、クロイツェルソナタ9番op47（1802-03）などが初演（03.5.24）された。さらに、シューベルト関連では1820年8月19日魔法の竪琴D644初演が行われた。なお、門の右の銘板は、1869年から80年まで支配人だったマクシミリアン・シュタイナーとオペレッタ白馬亭を作曲したラルフ・ベナッキーのものである。

難聴がひどくなってきた時期の ベートーベンの住居	☆☆☆☆ 259
	BEETHOVEN
6 GUMPENDORFER STR. 14	

1822年11月から23年4月17日の住居。この期間のトピックスはケルントナートール劇場にて、フィデリオが再演され大成功。この際、ベートーベン自身が指揮を望むも難聴がひどく実現しなかった。23年2月には、借金返済のため銀行株売る。

オペレッタの重鎮のミロッカーの生誕地	☆☆☆☆☆ 260
	MILLOECKER
6 GUMPENDORFER STR. 17	

1842年4月29日生まれでウインナオペレッタの重鎮であった、ミロッカーの生誕地で、彼はスッペ、シュトラウス2世と並び当時オペレッタ三羽烏の一人と言われた。また、1869年秋から1883年秋まで、アン・デア・ウイーン劇場（258）の指揮者も勤めた。

銀の時代の真っただ中で過ごした家	☆☆☆☆☆ 261
	LEHAR
6 THEOBALD GASSE 16	

1908年から20年代後半の住居。メリーウイドウは1905年大成功のため、ここでは作曲されていないが、銀の時代の真っ最中をここですごし、その後ベルリンに移る。

	エステルハージー家が作った 新たな歌劇場跡	☆ 262
		HAYDN
6	WINDMÜHL GASSE 28	

1768年エステルハージー家が作った新たな歌劇場跡。ハイドンはこの劇場の完成を祝して作曲した歌劇「薬剤師」をここで初演した。

	シュトラウスとランナーが同居した家	☆☆☆ 263
		STR-1 LANNER
6	WINDMÜHL GASSE 18	

1819年ランナーが3歳年下のシュトラウス1世をビオラ奏者として自分の楽団に入れ、無一文の二人は、食料、衣服までシェアーしてこのアパートに二人で住んだ。

	映画音楽の基礎を作った コルンゴルドの住居	☆ 264
		KORNGOLD
6	THEOBALD GASSE 7	

1897年ウイーンで生まれ、ハリウッド映画音楽の基礎を作った作曲家で、4歳（1901年）から28歳（1925年）まで住んだ住居。その後、アメリカに渡り、ハリウッド映画の作曲で活躍する。

	シューベルトが死んだ兄の家	☆☆☆☆☆ 265
	シューベルト記念館	SCHUBERT-19
4	KETTENBRÜCKEN GASSE 6	

兄フェルディナントの家で、1828年9月1日から入居したが、この頃から体力が急に衰えはじめ、11月19日、3階の部屋で死去。1979年より博物館として公開されている。

	エーリッヒ・クライバー生誕地	☆☆ 266
		ERICH KLEIBER
4	KETTENBRÜCKEN GASSE 3	

カルロス・クライバーの父エーリッヒ・クライバーが1890年8月5日生誕した家。

	ブラームスが度々リサイタルを開いたところ	☆ 267
	エールバール・ホール	BRAHMS
4	MÜHL GASSE 30 /HEUMÜHLGASSE	

エールバール宮殿内にあったホールで、ブラームスは、度々コンサートを開催し、出演していた。現在は、ホールも新しくなり、建物には、音楽教室も入っている。

	ワーグナーが常連だったレストラン	☆☆ 268
	R:ベオグラード	LISZT WAGNER DOPPLER
4	SCHIKANEDER GASSE 7	

常連客として、リストとワーグナーがよく食卓と共にした。ワーグナーがお気に入りの指定席が今でも残っている。また、ドップラーもよく通った。

	グルックの終焉の家	☆☆☆ 269
	現:血液銀行	GLUCK
4	WIEDNER HAUPT STR. 32	

1784年から、87年11月15日死ぬまで住んだ家（享年73歳）。当時2階建てだったが、死後3階建てとなる。

	魔笛の噴水	☆☆ 270
	噴水	MOZART
4	MOZART GASSE （MOZART PLATZ）	

1905年カール・ヴォレク作のタミーノとパミーナの像をすえた噴水。近くに、魔笛が初演されたフライハウス劇場(271)があり、魔笛ブームにより、賑わったエリアと思われる。

	魔笛が初演された劇場跡	☆☆☆ 271
	フライハウス劇場跡	MOZART
4	OPERNGASSE 26 /FAULMANNGASSE 1	

フライハウスとは貴族の税金が免除された家で、1785年10月に建設され、この中の劇場で1791年9月30日魔笛が初演された。その後、シカネーダーにより1801年、現在のアン・デア・ウイーン劇場(258)の場所に新劇場として移った。なお、今の建物の角の上部にパパゲーノのモニュメントがある。

		☆☆☆☆☆
	リヒャルト・シュトラウス全盛期の家	272
		STR-RICHARD
4	MOZARTGASSE 4	

1919年(55歳)ウイーン歌劇場総監督に就任してから、61歳までの住居。この期間は、南北米演奏旅行を成功させたり、24年息子の結婚など忙しい毎日でウイーンにいない日数も多くなり、19年から一緒に歌劇場総監督になったシャルクから睨まれたりしつつ、二人の間に溝が出来てきて、歌劇場総監督の立場より作曲に情熱が移っていった。

		☆
	マーラー協会の入っている建物	273
		MAHLER
4	WIEDNER GÜRTEL 6	

世界マーラー協会のある建物。

		☆
	マーラー20歳の時の住居	274
		MAHLER
4	FLORA GASSE 7	

1880年のハル歌劇場の夏期シーズンの指揮者として活躍しながら、この家で"嘆きの歌"を完成。

		☆☆
	パウムガルトナーの生家	275
		PAUMGARTNER
4	FRANKENBERG GASSE 7	

ザルツブルクモーツアルテウムやザルツブルク音楽祭で活躍したパウムガルトナーが1887年11月14日生誕した家。彼は1917年から活動拠点を、ザルツブルグに移した。

		☆☆☆☆
	ドヴォルザークが宿泊したホテル	276
		DVORZAK
4	WIEDNER HAUPT STR. 7	

1841年から1904年まで、ドヴォルザークがしばしば泊まったホテルだった。1883年10月初旬には、ドヴォルザークは、ここからブラームス宅(294)を訪問している。

	魔笛小屋があった場所	☆☆ 277
	現：噴水のみ	MOZART
4	WIEDNER HAUPT STR. 10	

「魔笛」を作曲した小屋があった場所。現在その小屋はザルツブルクのモーツアルテウム音楽院の庭に移管された。

	シベリウスの留学時代の下宿先	☆☆☆☆ 278
		SIBELIUS
4	WIEDNER HAUPT STR. 36	

1890年から91年までの1年間ウィーン留学時の住居で、この間、管弦楽法を学ぶ。

	マーラーがウイーン音楽大学時代にヴォルフと同居した下宿先	☆☆ 279
		MAHLER WOLF
4	MARGARETEN STR. 7-9	

マーラーが1877年から78年の1年間ウイーン音楽院でピアノを習った時期、ここの4階にヴォルフと同居して住んだ。

	ベーゼンドルファーの工場跡	☆☆ 280
	ベーゼンドルファー・ピアノ	メーカー
4	GRAF.STARHEMBERG GASSE 14	

ノイシュタットにピアノ製造拠点が移るまでの工場跡。

	シュトラウス2世終焉の家	☆☆☆☆ 281
		STR-Ⅱ-7
4	JOHANN-STRAUSS-GASSE 4	

リリーと離婚後、2番目の妻アンゲリカ・ディートリッヒとカール教会で再婚後の1878年からここに住むも、また離婚、3番目未亡人アデーレと再々婚し73歳で肺炎で99年6月3日死ぬまで住んだところ。

	アイスラーの学生時代の家	☆☆
		282
		EISLER
4	WAAGGASSE 5	

作曲家、ハンス・アイスラーが、1919年から1923年の間、シェーンベルグ学校の学生時代を過ごした住居。

	エドワルト・シュトラウスの晩年の家	☆☆☆☆
		283
		STR-EDUARD
5	KLIEBERGASSE 7	

1835年3月15日誕生したエドワルト・シュトラウスの1910年頃の晩年の住居。

	クレメンス・クラウス生誕の地	☆☆
		284
		CLEMENS KRAUSS
4	BELVEDERE GASSE 7	

1893年5月31日生誕の地。

	シューベルトの葬儀が行われた教会	☆☆☆☆
		285
	マルガレータ教会（聖ヨーゼフ教会）	SCHUBERT
5	SCHÖNBRUNNER STR. 52 (50)	

1828年11月21日汝に平安あれ D551が演奏される中での葬儀だった。

	ウイーンの流行歌の作曲家の終焉の家	☆
		286
		ARNOLD
5	HAMBURGER STR. 20	

1890年生まれのウイーンの作曲家兼歌手 ERNST ARNOLD の最後の住居。800曲の当時の流行歌を作曲し、自ら歌手として有名になった。墓地は、中央墓地(33A-2-11)に眠る。

			☆
	ヴォルフの住居		287
			WOLF
5	ZENTA GASSE 20		

ヴォルフ34歳の1894年の住居。

			☆☆☆☆☆
	ブラームス生誕75年記念像		288
	レッセル公園		BRAHMS
4	RESSELPARK		

1908年5月7日生誕75周年記念でルドルフ・ヴァイアーにより製作、建立された記念像。

			☆☆☆☆☆
	作曲家の結婚式や葬儀で ゆかりのある教会		289
	カール教会		VIVALDI BRUCKNER BRAHMS STR-II MAHLER
4	KARLSPLATZ		

時代順に追っていくと、ヴィヴァルディが1741年7月28日ここに埋葬され、ヨハン・シュトラウス2世が1878年5月28日二人目の妻となるディートリッヒと結婚式を挙げた。1896年10月14日にはブルックナーの葬儀（右通用門から入った所にテデウムの冒頭の譜が刻まれた銘板がある）。1902年3月4日マーラーがアルマと結婚式あげた。教会前のレッセル広場に1908年5年7日ブラームス生誕75周年記念で建立された記念像（288）がある。また、教会の裏には、グルックの立像（293）もある。

			☆☆☆
	地下通路の路面に 音楽家の銘板が多数ある		290
	カールスプラッツ駅		駅
4	KARLSPLATZ		

多くの音楽家の銘板が、セセッションに向かう地下道通路の路面にある。

			☆☆☆
	ウイーン近代音楽の研究センター		291
	シューンベルクセンター		SCHOENBERG
3	ZAUNERGASSE 1-3 /SCHWARZENBERG PLATZ 6		

ここにある遺品は、1990年代後半にアメリカ　ロスアンジェルスから戻ってきたもので、その機会にウイーン音楽演劇大学の現代音楽研究部門として発足して、1998年開館した。

ニューイヤーコンサートを放送してくれる ORFのラジオ局		☆
		292
オーストリア放送協会ラジオ局		放送局
4	ARGENTINIER STR. 30-30a	

ORF（オーストリア放送協会）のラジオ局の事務所で、内部に音楽ホールもある。

カール教会で葬儀が行われた グルックの立像		☆☆☆☆
		293
グルック像		GLUCK
4	ARGENTINIER STR /KREUZHERRENGASSE 角	

1940年マックス・クレムザー製作の立像で、当初市庁舎の傍（WiednerHauptstr. 32）に立てられたが、一時お蔵入りも経験し、1955年3月25日にこの場所に戻された。葬儀があったカール教会（289）の裏にあたるこの場所のほうが最適の場所だ。

ブラームスがウイーンで 一番長く住んだ建物		☆☆☆☆☆
		294
工科大学		STR-II
		BRAHMS-9
4	KARLS GASSE 4	WOLF

1789年までここには市民病院と墓地があり、1741年7月28日ヴィヴァルディがここに葬られた。その後、1841年から、ヨハン・シュトラウス2世がヨーゼフと共に学んだ高等工業学校となる建物だが、ブラームスの方が所縁が深い。この建物の4階で1872年1月1日から1897年4月3日の死を迎えるまでのウイーン楽友協会の音楽監督時代をここで過ごす。この期間は、彼にとって、新しい人々との出会い、各地への演奏旅行と多忙。73年にはウイーン万博もここで迎える。その後、ヴォルフも1884年5月から6月までの2ヶ月間ではあったが住んだ。

ブラームス晩年の住まいに新説		☆☆☆
		295
		BRAHMS
4	PANIGLGASSE 19	

最近の研究で、頑固で独身主義者のブラームスがこの家に住む女性と関係をもっていたとの説がでてきた。

	シマノフスキーの住居	☆☆☆
		296
		SZYMANOWSKI
4	ARGENTINIER STR. 4-6	

1911年から13年までの2年間ここに住み、ポーランド人である彼はウイーンの音楽界から多くの刺激を受け、特にストラビンスキーのペトルーシュカに感銘を受けた。それは、「バレエ劇ルッセ」Diaghilewsの上演に影響を与えたが、ウィーン滞在後に次第にドイツの音楽から離れ、独自の音楽をめざすことになった。

	ヴォルフが精神病になった時期の家	☆☆
		297
		WOLF
4	SCHWINDGASSE 3(G)	

1896年5月から1897年秋までの間、友達が用意してくれたこのアパートに住みはじめ、梅毒の再発と戦いながら、オペラ"お代官様"を作曲する。しかし、当時、歌劇場総監督だった同じ年のマーラーにこのオペラの上演をことわられ、気が狂い9月20日精神病院(354)へ入る。ブロンズのレリーフがある。

	28歳のシューベルトの下宿先	☆☆
		298
	フルーヴィルト館	SCHUBERT-16
4	TECHNIKER STR. 9	

1825年2月から翌年26年10月まで、家具付きの部屋に下宿(月額10フローリン)で一人暮らし。隣にシュヴィントが住む。25年5月から10月までフォーゲルと5ヶ月のザルツブルクまでの上オ-ストリア旅行。帰ってからも毎週定期シューベルティアーゼ開催。26年4月7日宮廷副楽長になる請願書出すも叶えなかった。

	ヨハン・シュトラウス劇場の傍のホテル	☆
		299
	H:ヨハン・シュトラウス	ホテル
4	FAVORITEN STR. 12	

傍にあったヨハン・シュトラウス劇場から名前をとったホテルのようだ。

		☆☆
	オペレッタ全盛期の劇場跡	**300**
	ヨハン・シュトラウス劇場跡	劇場跡
4	FAVORITEN STR. 8	

1908年建てられ1200席のバロック様式の美しい劇場があり、オペレッタ銀の時代のオペレッタの数々が上演された。

		☆☆☆☆☆
	皇帝がブルックナーに与えた住居	**301**
	ベルベデーレ宮殿（上宮）	BRUCKNER
3	PRINZ EUGEN STR. 27	

前の家（183）が最上階だったために、高齢のブルックナーの階段の上り下りの不便さを気にされた皇帝の好意により、1895年この官舎を与えられ1896年10月11日死去するまで住む。

		☆
	アン・デア・ウイーン劇場音楽監督ロルツィンガーの家	**302**
		LORTZING
4	WIEDNER HAUPT STR. 50/FREISCHMANNGASSE 1	

19世紀喜劇オペラのドイツ人作曲家アルベルト・ロルツィンガー（1801年10月23日生まれ、51年1月21日他界）がアン・デア・ウイーン劇場の音楽監督になった1846年から48年まで過ごした住居。

		☆☆☆☆
	リヒャルト・シュトラウスの晩年の家	**303**
	現オランダ大使館	STR-RICHARD
3	JACQUIN GASSE 8-10	

オーストリア建国60周年記念でウイーン市から提供され、1925年から晩年まで住んだ住居。そのため、お礼にバラの騎士の自筆譜を国立図書館へ寄贈した。

		☆☆
	エネスコの学生時代の家	**304**
		ENESCO
4	FRANKENBERG GASSE 6/APFELGASSE 8(or 6)角	

1888年から94年までの期間、ウイーン音楽院の学生時代に住んでいた家で、ここでヴァイオリンをヘルメスベルガー（弟）、理論と作曲をロベルト・フックス、ピアノをエルンスト、室内楽をヘルメスベルガー（兄）に学んだ。

1 - 100

101 - 200

201 - 300

301 - 400

401 - 500

501 - 561

	カールマンがチャールダッシュの女王を作曲した家	☆☆☆ 305
		KALMAN
	4　PAULANER GASS 12	

1908年ウイーンにブタペストから来たカールマンが1938年アメリカへ移住するまでの、1912年から23年までここに住み、"チャールダッシュの女王""サーカスの女王"を作曲した。

	庭園が有名なホテル	☆ 306
	H：シュヴァルツェンブルク	ホテル
	1　SCHWARZENBERGPLATZ 9	

1732年出来たバロック建築で名門貴族シュヴァルツェンベルク家が購入、その後1962年ホテルとなる。ここの庭園は見事。

	楽友協会の声楽学校だった	☆☆ 307
	ウイーン音楽演劇大学	大学
	4　ANTON-VON-WEBERN-PLATZ	

1817年、楽友協会の声楽学校として発足。ここにあるのは本部で、校舎は他にも点在している。ここにはブルーノ・ワルターの資料が保管されている。

	オペラ作曲に専念した家	☆☆☆ 308
		SUPPE
	4　KLEINSCHMIDGASSE 1 /RIENOESSL GASSE 9の対面	

1882年カール劇場音楽監督を辞めてから、オペラ作曲のために1年間ここに住んだ。

	レオポルド1世皇帝の夏の居住	☆☆ 309
	THERESIANUM	SCHUBERT
	4　FAVORITEN STR. 15	

レオポルド1世皇帝の夏の居住として建てられ、カール6世の時代には祝祭の催し物と歌劇公演が行なわれた。シューベルトは、1822年フランツ・ヨーゼフ1世の誕生日に、合唱曲"皇帝陛下の誕生日に"D748を献呈した。

	プッチーニも泊まった高級ホテル	☆
		310
	H:ブリストル(旧名プッチーニ)	PUCCINI
1	KÄRNTNER RING 1	RUBINSTEIN CARUSO

1892年創立のホテルで、ロビーにある時計は100年前から動いており、アールデコの家具があり落ち着いている。ここには、当時名だたる音楽家が宿泊した。因みに、ここのレストラン「コルソ」はオーストリア料理で有名。

	エステルハージー候宮殿跡地	☆☆☆☆
		311
	現:カジノ	MOZART
1	KÄRNTNER STR. 41	

エステルハージー候宮殿跡地で、ここでたびたび演奏会が開かれた。

	双頭の鷲の紋章入り看板が有名なカフェ	☆
		312
	カフェ:ハイナー	カフェ
1	KÄRNTNER STR. 21-23	

皇室御用達で双頭の鷲の紋章入りの看板が有名。

	1847年創業の皇帝ご用達カフェ	☆
		313
	カフェ:ゲルストナー	カフェ
1	KÄRNTNER STR. 13-15	

1847年創業第一次大戦終結まで、皇帝御用達のカフェで、国立歌劇場内、美術史美術館内にも出店がある。

	カラヤンセンター	☆
		314
		KALAYAN
1	KÄRNTNER RING 4	

カラヤンに関するCD、グッズが売られており、2階ではイベント、ミニコンサートが開かれる。

1-100

101-200

201-300

301-400

401-500

501-561

1
|
100

101
|
200

201
|
300

301
|
400

401
|
500

501
|
561

		☆☆☆
カールマンのオペレッタにも登場する 高級ホテル		315
H:グランドホテル・ウイーン		KALMAN
1	KÄRNTNER RING 9	

1870年リンクシュトラッセに最初に建設されて開業、1994年改装した、外観は建設当初から変わらずにルネッサンス様式の高級ホテル。カールマンのオペレッタ「チャールダッシュの女王」に実名で登場し、1894年シュトラウス2世デビュー50周年記念祝賀会も開催された。また、この中のレストラン"ル・シェル"には、オペラ出演者がよく来る。

		☆☆☆☆
ワーグナーやマーラーも宿泊した 名門ホテル		316
H:インペリアル		WAGNER MAHLER
1	KÄRNTNER RING 16	

1873年から4年をかけて宮殿を迎賓館兼ホテルに改装された。世界で最も傑出した贅沢なホテルの1つと言われている。リヒャルト・ワグナーが1875年11月1日から2ヶ月タンホイザーとローエングリーンの上演のためにフーゴー・ヴォルフと来て、7つの部屋に家族や彼の使用人も宿泊した。また、マーラーもたびたび宿泊した。

		☆
ツェラーの住居		317
現:ウイーンフィルセンター		ZELLER
1	KÄRNTNER RING 12	

1842年6月16日エストライヒ州ザンクト・ペーターで生まれ、11歳でウイーン少年合唱団に入るも、グラーツで法学を学び、73年文部省に入る。その後アマチュア音楽家として、オペレッタを作曲しその中でも小鳥売りは大ヒットした。この家はウイーンでの住居であった。その後1898年8月17日バーデンで56歳で死去。現在、1階はウイーンフィルセンターで、音楽グッズを売っている。

		☆☆☆☆☆
ニューイヤーコンサートの会場		318
楽友協会(ムジークフェライン)		BEETHOVEN
1	BOSENDORFER STR. 12	STR-Ⅱ STR-EDUARD

ニューイヤーコンサートで有名な黄金ホールは、1870年1月6日ベートーベンの「エグモント」「第5交響曲運命」で開演し、その後ヨハン・シュトラウス2世、エドワルト・シュトラウスが定期演奏会を盛んに開催した。また、室内楽が中心のブラームスザール(750席)は、1810年1月19日クララ・シューマンの演奏会でオープンした。当日券は、ベーゼンドルファー通り沿いの売店で入手できる。

		☆☆
	ベーゼンドルファー本社	319
	ベーゼンドルファー	メーカー
1	CANOVA GASSE 7	

ベーゼンドルファーの本社で、展示されているグランドピアノ群は壮観。

		☆☆
	ウイーンフィルの弦楽器のメンテセンター	320
	ラング社	メーカー
1	CANOVA GASSE 7	

ウイーンフィルの弦楽器は、コンサートマスターを除いて、ここオトマール・ラング工房でメンテナンスされている。

		☆
	音楽家の定宿の一つ	321
	H：アム・シューベルトリンク	ホテル
1	SCHUBERTRING 11	

立地がよく音楽家やマスコミの定宿でも有名。

		☆
	20世紀初頭120曲の歌曲を作曲した マルクスの家	322
		MARX
3	TRAUN GASSE 6	

1882年5月11日グラーツに生まれ、母親から音楽の手ほどきを受けるも父親の反対で法学を学ぶが26歳から作曲に走る。1908年から12年まで120曲の歌曲を作曲。1914年ウイーン大学の音楽理論の教授に迎えられ、1915年から64年までここに住む。その間1922年にはウイーン音楽アカデミーの院長にもなる。その後トルコの民俗音楽の研究にもつくす。その後、最晩年の64年にグラーツに戻り、その年の9月3日に死去。

		☆☆☆☆☆
	有名なベートーベン像	323
	ベートーベン広場	BEETHOVEN
1	BEETHOVENPLATZ	

1880年建立の記念像（彫刻家カスパー・ツムブッシュ作）。向かいのコンツェルトハウス（326）のホワイエにオリジナル像がある。

1
｜
100

101
｜
200

201
｜
300

301
｜
400

401
｜
500

501
｜
561

シューベルトが基礎教育を学んだ学校	☆☆☆☆ 324
アカデミー・ギムナジウム	SCHUBERT
1 CHRISTIANEN GASSE /LOTHRINGER STRASSE	

1808年10月8日から13年11月22日までここの学生だった。この期間の三つの成果を整理すると、1：基礎教育、特に文学はその後のリートの詩の理解の基礎になる。2：音楽専門教育。3：友達作りであった。また、トピックスとしては、10歳年上のシュパウンと交友となったものの、数学で落第点をとり出ることになった。また、1812年5月28日には母親の死去の経験もこの時期に受ける。

多くの芸術家を輩出した音楽演劇大学	☆☆☆☆ 325
ウイーン音楽演劇学校	大学
3 LOTHRINGER STR. 18	

1913年に完成した国立音楽演劇大学。当時の教師にはブルックナー、ヘルメスベルガー、シェフチクらがいました。そして、有名になった学生たちには、ニキシュ、マーラー、ヴォルフ、ベルク、シベリウス、ツェムリンスキー、クライスラーがいる。

ムジークフェラインとの 2大コンサートホール	☆☆☆☆☆ 326
コンツエルトハウス	SCHUMANN MAHLER
3 LOTHRINGER STR. 20	

1913年10月19日に開場した1811席ある大ホールと、4つの室内楽ホールがある。マーラー、バーンスタイン、シューマンのレリーフもある。

カラヤンが卒業時指揮した大学の劇場	☆ 327
アカデミー劇場	KALAYAN
3 LISZT STR. 1	

1913年ウイーン音楽演劇大学の講堂として建設。

シュトラウス1世楽団が出演した居酒屋跡	☆ 328
ツーデンツヴァイタウベン	STR-I
3 MAROKKANER GASSE 12	

1827年5月7日この居酒屋「二羽の鳩」で12人のオーケストラで演奏した。

		☆
	シュトラウス1世の住居。	329
		STR-I
3	MAROKKANER GASSE 3	

シュトラウス1世の住居。

		☆
	リヒャルト・シュトラウスが通った病院	330
	現：病院	STR-RICHARD
3	AM MODENAPARK 9	

記念銘板がある

		☆
	マーラー18歳の時の家	331
		MAHLER
3	REISNERSTR. 25	

1878年から79年までの1年間住んだ住居。

		☆☆☆☆☆
	シュトラウス立像のある市立公園	332
	市立公園	SCHUBERT BRUCKNER STR-II LEHAR STOLZ
1	STADTPARK	

非常に写実的に出来ているブルックナー像は、当初のものは損傷し、1988年新作された。レハール像は、1980年製作。シューベルト像は、クンドマンにより1872製作され、1872年5月15日のウイーン男声合唱協会建立の除幕でお披露目された。シュトルツ像は、1980年生誕100年記念で除幕。しかし、なんといっても公園の最大の目玉は、1921年6月26日除幕されたシュトラウス記念碑でニキシュが開幕演奏した。なお、この写真は、2011年6月シュトラウス記念像修復の時期のもので、珍しいので載せた。

		☆☆☆
	ベルクが新婚時代を送った家	333
		BERG
3	VORDERE ZOLLAMTSSTR. 11	

ベルク家族は、1908年にここの広大なアパートに移ってきて、1911年にはここで結婚し、3つの作品を作曲した（ピアノソナタ、4つの歌曲、弦楽4重奏曲）。

アイスラーのオペレッタの多くが上演		☆
		334
WIENER BUERGERTHEATER		EISLER
3	VORDERE ZOLLAMTSSTR. 13	

1905年に建てられた劇場で、1130席ある。ここでアイスラーの多くのオペレッタが上演された。

オーストリアで有名なポピュラーの 作曲家の家		☆
		335
		LEOPOLDI
3	MARXER GASSE 25	

オーストリアのポピュラー作曲家で、キャバレーソングやカフェミュージックの多くを作曲した。

シュトラウスの 多くの名曲が演奏されたホール跡		☆☆☆☆
		336
ゾフィーエンザール跡		STR-I
3	MARXER GASSE 17	

1838年サウナ風呂場として開かれ、1847年舞踏会の人気により舞踏会場に改造され、シュトラウス1世の指揮で再開された。ここではホール全盛期で多くの名曲が生まれ演奏されたが、2001年8月16日炎上してしまった。

ウエーベルン生誕の地		☆☆☆☆
		337
		WEBERN
3	LÖWENGASSE 53a	

ウエーベルンが1883年12月3日生まれた生誕地で、ウエーベルン家はクロアチアなどに領地を持つ貴族の家庭で、父親が鉱山技師として成功したため、小さいころはオーストリア各地を転々とした。そのため、ここで生まれたが7年しか住まなかった。

ゴールドマルク晩年の家		☆
		338
		BRAHMS
		GOLDMARK
2	JOSEF GALLGASSE 6	

ブラースの友達で作曲家でもあったカール・ゴールドマルクの晩年の家で、1915年1月2日84歳死ぬまでここに住んだ。

		☆
	ベートーベンの住居	339
		BEETHOVEN-34,36
3	GÄRTNER GASSE 5	

1817年10月から18年夏まで(No.34)と、18年秋から19年春まで(No.36)の、2回の住居。

		☆☆☆☆☆
	合唱曲を多く作曲した家	340
		BRAHMS-8
3	UNGAR GASSE 2	

1870年2月から1871年年末までここのホテルの一室に住みクララの娘ユーリエとの失恋の思いが尾を引いた時期を過ごす。しかし、作曲面では合唱曲を多く作る。1871年10月ウイーン楽友協会から音楽監督の提示があり12月承諾した。翌年初にウィーン永住を決意。

		☆☆☆☆☆
	ドイツ・レクイエム初演やクララとの共演した時期を過ごした家	341
		BRAHMS-7
3	LINKE BAHNGASSE 1	

1868年から70年2月までの住居で、69年7月10日、シューマンの三女ユーリエがイタリア貴族のマルモリート男爵から正式なプロポーズ(結婚は9月22日)を受けた知らせに大きなショックを受ける。

注：340と341は同一建物のため、諸説有る。

		☆☆☆☆☆
	ベートーベン第9完成の家	342
		BEETHOVEN-52
3	UNGER GASSE 5 /BEATRIX GASSE 8	

1823年10月から翌年24年秋まで住み第9交響曲の4楽章と全体の仕上げをし完成した家。改築はされているが当時の雰囲気を残している。銘板は1924年5月7日第9初演100周年記念でつけられた。

		☆☆☆☆
	ラズモフスキー宮殿	343
	現：国立地学院(ラズモフスキー邸)	BEETHOVEN
3	RASUMOFSKY GASSE 23	

ラズモフスキー公爵により建てられた宮殿で、1805年に依頼されたラズモフスキー四重奏曲ら多くの作品が試演された。中でもop59は1807年ここで初演された。

1 — 1 0 0

1 0 1 — 2 0 0

2 0 1 — 3 0 0

3 0 1 — 4 0 0

4 0 1 — 5 0 0

5 0 1 — 5 6 1

		☆☆☆☆
	ツィーラー終焉の家跡	**344**
		ZIEHRER
3	ERDBERG STR. 1 /MARIA EIS GASSE	

第一次大戦後のインフレで資産がなくなり、不幸で悲惨な状態で1922年11月14日ここで死んだ。

		☆☆☆☆
	19歳のシューベルトが泊まった家	**345**
		SCHUBERT-5
3	ERDBERG STR. 17	

シューベルトが教職から退避し、はじめて家を出た1816年春、このヴァテルロート教授宅でシュパウンと数週間過ごした住居。

		☆☆☆☆
	ベートーベンがスランプの中、ハンマークラヴィアソナタに着手	**346**
		BEETHOVEN-31
3	LAND STRASSER HAUPT STR. 26	

1817年4月24日から10月15日までの住居だが、16年秋から18年春までは、体調をくずしスランプ状態で過ごしていた。こうした中で17年後半からハンマークラヴィアソナタに着手した。

		☆☆☆
	ベートーベンからシュトラウス時代まで賑わった酒場	**347**
		BEETHOVEN STR-Ⅱ
3	LAND STRASSER HAUPT STR. 31	

1820年代は酒場ガストホフ「黄金の梨」で、ベートーベンは1823年から24年までの時期、常連客として通う。その後ダンスホール　ツムゴルデネンビルネとなり、シュトラウス2世がこのホールで度々演奏した。

		☆☆☆
	ベートーベンが短期的に何回も住んだ	**348**
		BEETHOVEN-40,43
3	LAND STRASSER HAUPT STR. 60	

1820年10月から21年毎夏（No.40）までと、1821年秋から22年夏（No.43）の期間（または、1819年春、1821年秋、冬、1822年春）住む。

		☆☆☆☆☆
	モーツアルトが経済悪化で移って来た家	**349**
		MOZART-14
3	LAND STRASSER HAUPT STR. 75-77	

1786年頃からの経済状態悪化のため1787年4月24日に低家賃のここに移る。5月28日には、父レオポルド死去。その悲しい知らせも加わりこの頃の作品は、短調ものが多い。そうした中、明るいトピックスは、10月1日～11月中旬までプラハでのドンジョバンニの初演に立ち会い、大成功を味わう。ウイーンにもどり、1か月たった12月には、再び、ここを出る。

		☆
	「バスティアンとバスティエンヌ」を 初演した医師の家があった跡	**350**
	医師マスメー邸跡	MOZART
3	LAND STRASSER HAUPT STR. 94	

1768年10月「バスティアンとバスティエンヌ」を初演した医師メスマー邸。

		☆☆
	ブラームスの演奏会がよく催された 州立劇場跡	**351**
	州立劇場跡	BRAHMS
3	LAND STRASSER HAUPT STR. 96	

1893年以来多数の作品をここにあった州立劇場で演奏された。

		☆☆☆
	ベートーベンが 体調不良な時期に滞在した家	**352**
		BEETHOVEN
3	LAND STRASSER HAUPT STR. 112	

1817年秋、冬、1818年春、1818-19年秋、冬住む。1817年年初から、重い胸の病気で、数ヶ月も家に閉じこもる、一方、友人達が死んでいったりして、孤独感を強めていく。

		☆☆☆
	近代ウイーン楽派3人組が お世話になった病院	**353**
	Archduke Rudolf's Hospital	BERG SCHOENBERG WEBERN
3	JUCH GASSE 25	

近代ウイーン楽派3人組がそれぞれお世話になった病院だ。具体的には、シェーンベルクは1925年11月に、ここで盲腸手術うける。ウエーベルンは1932年鬱病で通院した。ベルクは1935年12月23日ここで敗血症で死去。

	ヴォルフがここにあった 精神病院に入院した	☆☆ 354
3	LEONHARD GASSE 3-5	WOLF

1897年9月20日から98年1月24日の期間、ここの私立精神病院に入院した。

	モーツアルトやベートーベンが 泊まった宿	☆ 355
3	LAND STRASSER HAUPT STR. 40	MOZART BEETHOVEN

モーツアルトやベートーベンが、時々宿泊したホテル "Roter Hahn" のあったところ。

	ウイーン最大で多くの音楽家が眠る墓地	☆☆☆☆ 356
	中央墓地	墓地
11	ZENTRALFRIEDHOF	

ウイーン最大で多くの音楽家が眠っている。(詳細183ページ)

	モーツアルトの遺体の無い墓	☆☆☆☆ 357
	聖マルクス墓地	MOZART STR-JOSEF
3	LEBER STRASSE 6-8	

墓番号179番に有名なモーツアルトの遺体のない墓がある。また、ヨハン・シュトラウス一族の母アンナ（1世の妻）が1870年2月に、同年7月22日にはヨーゼフが死去し、ここに埋葬された。しかし、ヨーゼフの遺骨は後に中央墓地に移された。

	出演回数が多かったカジノ跡	☆☆☆ 358
11	SIMMERRINGER HAUPT STR. 16(G)	STR-II

かつてリンデンバウアー・カジノがあった。ドムマイヤー（420）の次に出演回数が多かった。

		☆☆☆☆☆
孤児院ミサを12歳のモーツアルト 自ら指揮し初演した教会		**359**
マリアゲブルツ教会		MOZART
3	RENNWEG 91 (WAISENHAUSKIRCHE)	

2回目のウイーン滞在中の1768年12月10日この教会の落成式に孤児院ミサを12歳のモーツアルト自ら指揮し初演した。この落成式には、マリアテレジアも列席した。

		☆
カール・ベーム57歳絶頂期の住居		**360**
		BOHM
3	RENNWEG 5	

1943年ウイーン歌劇場、45年にはオーストリア音楽総監督に就任する一方ここで対戦を迎えた激動の時期に住んだ住居。戦後の55年11月には、オペラ座の再開公演フィデリオの指揮をとる。

		☆☆
シェーンベルクの妻が死んだ家		**361**
		SCHOENBERG
3	RECHTE BAHNGASSE 30-32	

1917年から24年まで住んだ住居で、1917年健康上の理由で兵役を逃れ、18年は一時メードリンクに移るが21年ウイーンに戻る。また、23年には妻アデーレがここで死去する。

		☆☆☆
劇作家ホーフマンスタールの家		**362**
		HOFMANNSTHAL
3	SALESIANER GASSE 12	

リヒャルト・シュトラウスと交友を結び、バラの騎士、エレクトラの劇作したホーフマンスタールの住居だった。

		☆☆☆☆☆
マーラーのウイーンでの 活動拠点となった住居		**363**
		MAHLER
3	AUENBRUGGER GASSE 2 /RENNWEG5	

1898年2月から1907年12月アメリカに旅だつまでの期間、この建物の5階（最上階）に妹コスティーネと住む。この時期は、ウイーン歌劇場総監督になり各地への演奏旅行等で多忙な毎日を送る。

		☆
シュトラウス1世が活躍したダンスホール		364
ツムシュペール	STR-I	
2	KLEINE SPERL GASSE 2a-2c	

1829年10月シュトラウス1世に出演契約が来た人気のカフェ・ダンスホール「シュペール」の建物。

		☆☆
シューベルト、ブルックナーらの師だった ゼヒターの住居		365
		SECHTER SCHUBERT BRUCKNER SUPPE STR-JOSEF
2	KLEINE SPERLGASSE 10	

宮廷オルガニスト、作曲家であったゼヒターの住居で、ここに1828年シューベルトが教えを請いにきた。また、ブルックナー、スッペ、ヨーゼフ・シュトラウスも彼の門をたたいた。

		☆☆☆☆
スッペが2区のカール劇場の仕事で 多忙な時期の住居		366
		SUPPE
2	OBERE DONAU STR. 57	

1862年から65年までの住居。この時期は62年の初歌劇「寄宿学校」の初演、63年カール劇場に移ってからこの劇場のために作曲活動が盛んになる。しかし、65年に妻テレーゼが死んだため、1区に戻る。

		☆☆☆☆
美しき青きドナウ初演の場所		367
現：IBM（ディアナバートザール跡）	STR-II STR-EDUARD	
2	OBERE DONAU STR. 93-95	

1862年にエドワルト・シュトラウスがここで指揮者としてデビューしたところ。しかし、有名なのは1867年2月15日美しき青きドナウ初演の場所で、当日の指揮は、シュトラウス本人ではなく男声合唱協会指揮者のルドルフ・ワインヴェルムだった。

		☆☆
シュトラウス1世の出演が多かった ゾフィー橋の前の居酒屋跡		368
ケッテンブルッケンザール跡	STR-I	
2	OBERE DONAU STR. 99	

1827年11月出演契約が出来た居酒屋「吊橋」。このゾフィー橋は1825年ドナウ河に架けられた初の吊り橋。

	シューベルトの父が教会長を狙った教会	☆☆ 369
	KARMELITER 教会	SCHUBERT ALBRECHTSBERGER
2	KARMELITERPLATZ	

1805年シューベルトの父が教会長のポストを狙ったが失敗し、アルベヒツベルガーがとる。

	シュトラウス兄弟がここの聖歌隊に入る	☆☆☆ 370
	LEOPOLD 教会	SCHUBERT STR-II STR-JOSEF
2	GROSSE PFARRGASSE	

シューベルトが生まれる1年前の1796年、彼の父がこの教会の校長の職を得ようとしたが失敗。その後シュトラウス2世とヨーゼフと二人でここのコーラス隊に入り、その収入で家計を助けた。

	美しき青きドナウを作曲した家	☆☆☆☆☆ 371
	シュトラウス記念館	STR-II-5
2	PRATER STR. 54	

1866年から68(74?)年までの住居で、1866年は、プロイセンとオーストリアとの戦争へ突入した年で、敗戦による消沈した市民を鼓舞させるための歌詞により美しき青きドナウを作曲した。また、この時期は3兄弟全盛期で、ワルツ合戦が展開されていた。

	ヨーゼフ・シュトラウスが 結婚式を挙げた教会	☆☆☆☆ 372
	ST.JOHANN-NEPOMUK 教会	STR-JOSEF
2	NEPOMUK GASSE 1	

1857年6月8日にここのネポムク教会でカロリーネと伝統的な結婚式をあげ、"愛の真珠 op.39"を、彼女にプレゼントした。

	映画「第3の男」の観覧車で有名な公園	☆☆☆ 373
	プラター公園	ZIEHRER STOLZ
2	PRATER	

映画「第3の男」の中で1897年作られた観覧車で有名な公園で、シュトルツの歌曲「プラター公園は花ざかり」の歌碑や、公園中心部のコンスタンティンフーゲルには1960年10月1日建立のツィーラーのブロンズの記念碑がある。

1 – 100
101 – 200
201 – 300
301 – 400
401 – 500
501 – 561

ウインナワルツ全盛の中心だった劇場跡	☆☆☆☆
	374
カール劇場跡（旧レオポルトシュタット劇場）	劇場跡
2　PRATER STR. 31	

ウイーンの初の大衆向けレオポルトシュタット劇場（1781年から1847年間）の跡地に初代支配人カール・カールによって再建されたカール劇場は、1870年から1900年頃まで「金の時代」全盛期を送った。しかし、ブームも去り1929閉館。その後1944年の空爆で破壊された。

映画音楽作曲家 マックス・スタイナーの生家	☆
	375
H：ウイーン	STEINER
2　PRATER STR. 72	

1888年5月10日にここで生まれ1971年12月28日他界した、風と共に過ぎぬ等の映画音楽作曲家マックス・スタイナーの生家。なお、アン・デア・ウイーン劇場の支配人を1880年から1884年までやった父は、シュトラウス2世の妻アンゲリカと不倫したことでも有名。

シュトラウス2世の新婚時代の住居	☆☆
	376
	STR-Ⅱ-3
2　PRATER STR. 43	

妻ジュディと1863年にここに移り、1年間住んだが、現在はオリジナルの家はない。

ツェムリンスキー生誕の地	☆☆☆
	377
	ZEMLINSKY
2　ODEON GASSE 3	

1871年10月14日生誕の地で、父はジャーナリスト兼保険役人、母はユダヤ系回教徒だった。

クライスラーの生家	☆☆☆☆☆
	378
	KREISLER
2　GROSSE SCHIFF GASSE 21 /NICKELGASSE角	

フレデリック・クライスラーが1875年2月2日に生まれた生家。

		☆☆☆☆☆
	シュトラウス1世の生家	379
		STR-I
2	FLOSS GASSE 7	

1804年3月14日生誕の家。

		☆☆☆☆
	ヨーゼフ・シュトラウス終焉の家	380
	現：洋品店WINDSOR	STR-JOSEF
2	TABOR STR. 11-11B	

次男ヨーゼフ・シュトラウスの住居。1870年6月1日彼がワルシャワ演奏旅行の指揮している最中に倒れ、妻カロリーネが駆け付け連れ戻すも、翌月7月22日死去した。

		☆☆☆☆☆
	シュトラウス1世が不倫の最中に一家が住んだ家	381
	ツムゴルデネン・ヒルシュ跡	STR-I
2	TABOR STR. 17	

シュトラウス1世一家が1833年ここの2階に入居した。35年3月15日三男エドワルトがここで生誕したが、なんと、その2か月後に不倫相手エミリエにも女児が生まれアンナとの離婚に発展する。一方、10歳前後の長男ヨハンと次男ヨーゼフは、母側につき父親との溝も深まりながら、音楽の基礎を学んでいく。その後、アンナはここで1870年死ぬまでここで暮らした。

		☆☆☆☆
	ハイドンがコーラス指導のアルバイトをしていた教会	382
	ベルムヘルティゲンブリューダー教会	HAYDN
2	TABOR STR. 16-18	

1755年から58年まで、ここでコーラス指導・ヴァイオリン奏者として雇われたが、60ギルダーの給料が年1回のため、ミヒャエラーハウスの屋根裏（89）での貧しい生活を送っていた。

		☆☆
	シェーンベルクが初恋を経験した家	383
		SCHOENBERG
2	TABOR STR. 48	

1890年新年イブに父親がインフルエンザで死去したため、一家がOBERE DONAU STR. 5（400）から引っ越してきた。ここでは16歳のシューンベルクが初恋を経験する。

		☆
	シューンベルクの父親の家	**384**
		SCHOENBERG
2	TABOR STR 32	

シェーンベルクの父親が1890年年初に死ぬまで住んでいた建物があったところ。

		☆☆☆☆
	30歳のブラームスが多忙だった時期の家	**385**
		BRAHMS-4
2	CZERNING GASSE 7	

1863年3月(30歳)から11月まで住んだ。この時期は、63年3~4月演奏活動。5月1日ハンブルク帰省。5月ウイーンジングアカデミー指揮者に就任と忙しい時期を過ごした。

		☆☆
	ブラームスの3番目の住居	**386**
	現:R:WEINBERGSCHENKE	BRAHMS-3
2	NOVARA GASSE 7	

Novara gasse 55(388)からここに移り1863年3月までの住居。

		☆☆☆☆
	ブラームスがウイーンでの初めての住まい	**387**
		BRAHMS-1
2	NOVARA GASSE 39	

故郷ハンブルクで就職が見つからなかったブラームスは1862年9月半ばから、63年までの期間をここレオポルトシュタットに住むことで就職に期待し、3つの場所を転々としながらて就職活動を行った。ここはその中の一つで、1862年9月中旬から一番目に住んだところ。

		☆☆☆☆
	ブラームスのウイーンでの2番目の住居	**388**
		BRAHMS-2
2	NOVARA GASSE 55	

Novara G.39(387)から引っ越してきたところで、ピアノ四重奏曲第1番演奏や1862年11月29日にはウイーンでの最初の自身の演奏会開催した。

146

		☆☆
フリーメイソンのカジノ跡		389
		MOZART
2	UNTERE DONAUSTR 5	

1786年現在広場になっているこの場所にフリーメイソンのカジノがあり、時々、モーツアルトがここで演奏した。

		☆☆
オスカー・シュトラウスの生家跡		390
		STR-OSCAR
2	UNTERE DONAUSTR. 27	

1870年3月6日に生まれたオスカー・シュトラウスの生家跡。彼はシュトラウス家とは血縁関係無しで、オペレッタ作曲家として、レハールのライバルだった。

		☆
ヴォルフの下宿先		391
		WOLF
2	MAYER GASSE 14	

15歳のヴォルフが楽友協会付属音楽院で学ぶため、ウイーンに出てきた時に下宿した叔母のカタリーナ・ヴィンツェンベルク家の住居で、1876年5月まで住んだ。

		☆☆☆☆
ウイーン少年合唱団の宿舎がある公園		392
アウガルデン		ウイーン少年合唱団
2	AUGARTEN /OBERE AUGARTEN STR 1	

宮廷の庭園だったが、1775年ヨーゼフ2世が一般解放した。現在、陶器メーカーのアウガルテンの工房になっている館は、マリア・テレージアの宮廷料理人イグナーツ・ヤーンが1782年レストランとして建てたもので、モーツァルト、ベートーベン、シューベルトの名曲の数々もここで初演された。敷地内にウイーン少年合唱団の宿舎がある。

		☆
ツェムリンスキーの家		393
		ZEMLINSKY
2	PILLERSDORF GASSE 3	

ツェムリンスキーの家

1 ｜ 1 0 0

1 0 1 ｜ 2 0 0

2 0 1 ｜ 3 0 0

3 0 1 ｜ 4 0 0

4 0 1 ｜ 5 0 0

5 0 1 ｜ 5 6 1

		☆
	ツェムリンスキーの家	**394**
		ZEMLINSKY
2	PAZMANITEN GASSE 2	

ツェムリンスキーの家。

		☆☆
	ツェムリンスキーがシェーンベルクと 通った学校	**395**
	REALSCHULE	ZEMLINSKY
2	VEREINSGASSE 21-23	SCHOENBERG

ここは、ツェムリンスキーとシェーンベルクの中高等学校で、シェーンベルクは1885年から通ったが、父親の死により卒業試験の少し前の1891年1月に学校を去った。しかし、同窓で仲良い友達であったツェムリンスキーが将来義理の兄弟になるとは、知る由もなかった。

		☆
	ツェムリンスキーの学生時代の家	**396**
		ZEMLINSKY
2	VEREINSGASSE 26	

1883年12歳から96年25歳までの住居で、ここから入学したウイーン音楽院に通い、ピアノと作曲を学んだ。そして、彼の才能を評価したブラームスがこの時期多くの助言をした。

		☆
	ツェムリンスキーの家	**397**
		ZEMLINSKY
2	SPRINGER GASSE 6	

ツェムリンスキーの家

		☆☆
	シェーンベルクがウイーンから 追い出される直前の住まい	**398**
		SCHOENBERG
2	LEOPOLDSGASSE 9	

あまりにも激しい前衛手法のために、ウイーンを追い出されベルリン音楽大学の教授に任命された1898年に住んでいた家。また、この時期にプロレスタントに改宗した。

		☆☆
オスカー・シュトラウスが住んでいたアパート跡		399
現:公園		STR-OSCAR
2	UNTERE AUGARTEN STR. 27	

オペレッタ作曲家で有名なオスカー・シュトラウスのアパート跡で、ここで1907年"ワルツの夢"が作曲された。

		☆☆☆☆☆
シェーンベルク生家		400
		SCHOENBERG
2	OBERE DONAU STR. 5	

1874年9月13日生誕の家。父はハンガリー出身の代々靴屋の息子、母はプラハ出身で、両親共にユダヤ人だった。ここでカトリックのキリスト教徒として育てられる。8歳でヴァイオリンを習いはじめ、その後チェロを独学する。15歳の時に、父が死んだために、地元の銀行(124)に勤めるかたわら、夜間に音楽勉強はじめる。

		☆☆☆☆
ウイーン市内の唯一のハイドン立像		401
マリアヒルファー教会前		HAYDN
6	MARIAHILFER STR. 55	

1887年5月31日除幕されたハインリッヒ・ヌッター製作の記念像。いつもこの前のマリアヒルファー通りで市内に通っていた。

		☆☆☆☆☆
ヨーゼフ・シュトラウス生家		402
		STR-JOSEF
6	MARIAHILFER STR. 65 /NELKEN GASSE 8	

1827年8月20日生誕した生家。

		☆
世界的バレリーナーの住居		403
		FANNY ELSSLER
6	HOFMÜHL GASSE 15	

当時の世界的バレリーナのファニー・エレスラー(1810.6.23-1884.11.27)の住居。本名Franziska。7歳でデビューし、1851年6月引退するまで世界各国で踊った。

		☆
ラ・フィンタ・センプリチェ作曲の家		**404**
		MOZART
6	AMERLING STR. 6	

1768年4月から6月まで住んでラ・フィンタ・センプリチェ(k.51)作曲した家。

		☆☆
マーラーが多くの人に見送られ米国に旅立った駅		**405**
	西駅	MAHLER
15	WESTBAHNHOF	

1907年12月の寒い朝、マーラーと妻アルマがニューヨークへの旅立ちのために200名の見送りの人で、西駅はごったがえしていた。その中には、セセッションのメンバーであったシェーンベルク、ベルク、ツェムリンスキー、クリムトら仲間も見送りに来ていた。

		☆
オーストリアの行進曲作曲家の家		**406**
		JUREK
15	DINGELSTEDT GASSE 16	

オーストリアの作曲家で、ダンス音楽、合唱曲、ブラスバンド、軍楽隊用行進曲などで有名なWILHELM・AUGUST・JUREK(1870.4.29生 -1934.4.9没)の住居。中央墓地(31B-12-15)に埋葬されている。

		☆☆
1893年開館のオペレッタ劇場		**407**
	ライムント(Raimund Theater)劇場	劇場
6	WALLGASSE 18-20	

1893年開館、1200席のこの劇場では、ロベルト・シュトルツのオペレッタの多くが初演された。

		☆☆
ボスコフスキーの生家		**408**
		BOSKOVSKY
15	PFEIFFER GASSE 6	

ウイーンフィルのコンサートマスター、指揮者だったボスコフスキーが、1909年6月16日生誕した家。9歳の時にウイーン国立音楽アカデミーに入学して、ここから通った。

		☆☆☆☆☆
	ハイドンの終焉の家とブラームス記念館	409
	ハイドン博物館とブラームス記念館	HAYDN BRAHMS
6	HAYDNGASSE 19（G）	

ハイドンが1797年から、1809年5月31日死を迎えるまでの晩年を過ごした家で、1899年ハイドン博物館となり、近年になって、ブラームスのカールスガッセの家（294）の遺品もここに移し、1980年10月10日にハイドン・ブラームス記念館として開館した。

		☆☆☆☆
	ハイドンの葬儀が行われた教会	410
	グンペンドルファー教会（ST.AEGYD）	HAYDN SCHUBERT
6	GUMPENDORFER STR. 109 /BRUECKENGASSE端	

1809年ナポレンのウイーン占領により市内が混乱の最中の1809年6月1日ハイドンの葬儀が行われた。また、シューベルト関連では、1813年父と母アンナの結婚式もここで行われた。

		☆☆☆☆☆
	ハプスブルグ家の代表的遺産	411
	シェーンブルン宮殿	GLUCK HAYDN MOZART
13	SCHÖNBRUNNER SCHLOSS STR.	

グルックやハイドンの作品が上演され、1762年10月13日鏡の間で6歳の神童モーツアルトが御前演奏した。1786年2月7日に、オランジェリーで「劇場支配人」とサリエリの「まずは音楽、お次は台詞」との競演の結果、サリエリが勝利しモーツアルトの報酬はサリエリの半分だった。

		☆☆☆
	ウエーベルンが指揮者で 活躍した時代の住居	412
		WEBERN
14	PENZINGER STRASSE 82	

1932年1月5日から8月までの住居。この時期は、道路の騒音に悩む一方で、ウイーン労働者交響楽団の指揮者を勤め、BBC交響楽団へも客演等指揮者としても活躍した。

		☆☆☆
	第9交響曲が初演された時期の住居	413
		BEETHOVEN-53
14	HADIK GASSE 52	

ここでは、第9交響曲とミサソレムニスの一部が初演された1824年春の時期に住んだ。

ベートーベン54歳の夏を過ごした家		☆☆☆☆☆ **414**
		BEETHOVEN
14	HADIK GASSE 62	

1824年5月1日ここの一部屋に入り、一夏を過ごす。ここでは、彼が髭をそっている時、川にかかっていた歩道橋(Kennedybruecke)から人々がジロジロ見つめるので突然おこりだしたというエピソードが有名である。

ブラームスが訪ねたワーグナーの家		☆☆☆☆☆ **415**
		WAGNER BRAHMS
14	HADIK GASSE 72	

ワーグナーが1863年5月12日から64年3月まで、5度目のウイーン滞在時に宿泊し、マイスタージンガーを作曲。この間63年10月31日プラハに旅行に出るも、ウイーン滞在のここで贅沢三昧の生活のため借金生活に入り、64年3月夜逃げ状態で放浪の旅に出発した。ここで弾いていたピアノが1区ホテル・ロイヤル(48)にある。また、ここには、ブラームスも訪問している。

シュトラウス2世の記念像がある 有名カフェの店		☆☆☆☆ **416**
カフェ　ドムマイヤー		STR-Ⅱ
13	AUHOFSTR. 2 /DOMMAYER GASSE 1	

HIETZINGER HAUPT STR. 10-14(420)から移って来たカフェ・ドムマイヤーで、いつもにぎわっている。店前には、シュトラウス2世の記念像がある。

フランツ・シュミットの家		☆ **417**
		SCHMIDT
14	HADIK GASSE 140	

1874年12月22日に生まれ、1939年2月11日没した、後期ロマン派の作曲家の住居。彼はスロヴァキアのヴラティスラバで生まれた。1888年ウイーンに出て、ウイーン音楽院で作曲、チェロ、オルガンを学び、ブラームスやブルックナーからも教わった時期があった。ウイーン歌劇場管弦楽団時代には、マーラーの指揮のもとでも演奏した。1910年ウイーン音楽院のピアノ教授となり、ELSSLER-GASSE26(424)に移るまで住んでいた住居。

	ベルクがここから作曲家デビュー	☆☆☆
		418
		BERG
13	HIETZINGER HAUPT STR. 6	

1905年からの住居で、ここから作曲家としてデビューした。

	ベルクが2番目の妻との 結婚式を挙げた教会	☆☆
		419
	ヒーティング・プファール教会	BERG
13	MAXING STR/AM PLATZ	

1915年2番目の妻ヘレーネと結婚式をあげた。

	シュトラウス2世がデビューした カジノだった	☆☆☆☆
		420
	パークホテルシェーンブルン	STR- II
13	HIETZINGER HAUPT STR. 10-14	

シュトラウス2世が1844年10月15日18時からのデビュー演奏会で大成功を収めたカジノドムマイヤー跡(現:カフェ・ドムマイヤー=416)で、ここでは当時ランナーとシュトラウス1世との競演が繰り返された。その後、1907取り壊され、この地にパークホテル・シェーンブルンとして建て替えられた。また、ここではロベルト・シュトルツ協会の例会も開かれている。

	クレネック32歳の時の住居	☆
		421
		KRENEK
13	MÜHLBACHER GASSE 6	

1932年から37年までの住居。

	シューンベルクが 無調に挑戦していた時期の住居	☆☆☆
		422
		SCHOENBERG
13	HIETZINGER HAUPT STR. 113	

ここにいた1910年1月から11年までは、無調への様々な可能性を試みていた時期である。この家の反対側にエゴン・シーレが住んでいた。

1 | 100

101 | 200

201 | 300

301 | 400

401 | 500

501 | 561

		☆☆☆☆
	ウエーベルンが精神病と戦いながら 住んだ家	423
		WEBERN
13	KREMSERGASSE 1	

1913年8月ウエーベルンが家族と共にここに移り住んだ。この年は彼にとっては多難な年で、長引く精神病の治療にあたる。また、翌年14年3月には、ムジークフェラインでの"6つのオーケストラのための組曲"の演奏に対する聴衆からの非難、悪評に耐えながらここで生活していた。

		☆☆
	シューベルト協会設立に貢献した シュミットの住居	424
		SCHMIDT
13	ELSSLERGASSE 26	

1874年12月22日に生まれ、1939年2月11日没した、後期ロマン派の作曲家の住居。彼はスロヴァキアのヴラティスラバで生まれた。1888年ウイーンに出て、ウイーン音楽院で作曲、チェロ、オルガンを学び、ブラームスやブルックナーからも教わった時期があった。ウイーン歌劇場管弦楽団時代には、マーラーの指揮のもとでも演奏した。1910年ウイーン音楽院のピアノ教授となり、この住居は1913年に住んでいた住居。25年には院長にもなるかたわらシューベルト協会の創立にも活躍した。

		☆☆☆☆☆
	こうもり作曲の家	425
		STR-Ⅱ-6
13	MAXING STR. 18	

1868年購入し、1870年から最初の妻ヘンリエッテが亡くなる1878年まで住んだ。ここで、ヘンリエッテはシュトラウスが作曲に没頭できる環境を与え、その結果、こうもりという名曲が生まれた。

		☆☆
	マーラーの歌曲を歌った名アルト歌手の家	426
		FOERSTER
	WATTMANNGASSE 25	

1930年7月25日生まれ、2010年6月16日没した、カナダ生まれのアルト歌手で、ブルーノ・ワルターとのマーラーの復活他多くのレコーディングをした。

	ベルク終焉の家	☆☆☆☆☆
		427
	ベルク協会	BERG
13	TRAUTMANSDORFF GASSE 27 /WOLTER GASS 7	

1911年以来亡くなる日までの住居でしたが、1955年未亡人ヘレーネによりここにアルバン・ベルク財団を設立した。ベルクの写真、書類他の遺品は、彼の遺言とおりに、国立図書館に保管されているが、それ以外の財産はここで管理保護されている。

	ベルクの妻の生家	☆
		428
		BERG
13	GLORIETTEGASSE 9	

ベルクの妻だったヘレーネ・カロリーネの生家。

	シューンベルク一家が平穏に暮らした住居	☆☆☆☆
		429
		SCHOENBERG
13	GLORIETTEGASSE 43	

妻の兄であったツェムリンスキーも同居していたLIECHTENSTEINSTR. 68-70(445)の家から逃れ、一家水入らずで、1908年から09年暮まで、この家に住んだ。ここで、5つの管弦楽曲 op.16と歌劇「期待（モノドラマ）」op17を1909年作曲した。

	ベルクの妻の実家	☆☆☆
		430
		BERG
13	MAXING STR. 46	

1911年アルバン・ベルクと結婚したヘレーネが育った裕福なナオウスキー邸。

	ベルクのお墓があるヒーティング墓地	☆☆☆☆☆
		431
	ヒーツイング墓地	BERG
13	MAXING STR. 15	

ここには、多くの芸術家が眠っている。主な人は、ベルク、グリルパルツァー、ヨハン・シュトラウス親族、ヘルメスベルガー、ファニー・エルスラー、グスタフ・クリムト。

		☆
	オペレッタ黄金期の 作曲家レオ・フォールの住居跡	432
		FALL
13	LAINZER STR. 127	

1873年2月2日オロモウツに生まれたレオ・フォルは、この家でウイーン国立音楽大学卒業後、オペレッタ20曲ほどを作曲し、オペレッタ黄金期を代表する作曲家となり、1925年9月16日ここで没した。

		☆☆☆
	ヴォルフが16歳の夏に住んだ家	433
		WOLF
12	SCHÖNBRUNNER ALLEE 53 /HETZENDORFER ST 90角	

叔母の家（391）に下宿していたヴォルフが、次に移って来た家だが、ひと夏（1876年5月から76年10月までの期間）しか住まわなかった。

		☆☆☆☆☆
	避暑で滞在したスポンサーの家	434
		BEETHOVEN-50
12	HETZENDORFER STR. 75A	

避暑のためここのプロナイ男爵邸に1823年5月17日から8月13日まで滞在。この間、目の痛みに悩まされる。8月13日にバーデンへ移る。男爵はベートーベンに対しかわいがり、資金援助をした。

		☆☆
	シュトラウス兄弟がよく出演したホール	435
		STR兄弟
12	MARIAHILFER STR. 189-191	

1835年 Karl Schwenden が、古い宮殿を改造し、各種ダンスホール（Amorsaal,Florasaal,Harmoniesaal）を作った。これらのホールにシュトラウス一家も度々出演した。

		☆
	ウエーベルンの新婚時代住んだ妻の実家	436
		WEBERN
12	RUCKERGASSE12	

1911年（28歳）2月22日結婚して、妻メルトルの実家であったここで新婚生活を送り、ここで3人の娘と1人の息子が誕生した。

			☆☆
		ヴォルフの下宿先	**437**
			WOLF
	5	SIEBENBRUNNEN GASSE 15	

1894年フーゴー・ヴォルフが下宿していた住居。

			☆☆☆☆
		ベートーベン29歳の時に 大成功した演奏会場	**438**
		VILLA XAIPE	BEETHOVEN
	12	GRÜNBERGSTR. 2	

1799年9月ベートーベンやジョセフ・ヴォエフルのピアノ演奏会が、ここで開かれ大成功でした。

			☆
		5000人収容の大ダンスホールがあった	**439**
			STR-II
	12	HOHENBERG STR. 58	

1830年開かれたダンスホール跡で、5000名収容でき、ここに、シュトラウス2世と楽団が、よく呼ばれた。

			☆
		ハイドンの最初の墓	**440**
		ハイドン公園	HAYDN
	12	FLURSCHUETZ /ECKE GURTELSTRASSE	

1809年5月31日最初の墓で、1820年までここに眠る。その後この墓地は1874年閉鎖され、1926年からハイドン公園となる。現在は墓石のみ。

			☆
		ランナーとシュトラウス1世が 競演したダンスホール跡	**441**
			LANNER STR-1
	9	NUßDORFER STR. 3	

ここにあった "Zum Goldenen Steg" というダンスホールで、ランナーやシュトラウス1世が演奏していた。

	ベルク独身最後の25歳の時の家	☆
		442
		BERG
9	NUßDORFER STR. 19	

シェーンベルクの弟子として勉強に熱中していた1911年結婚の前年1910年までの住居。

	シューベルトの生家	☆☆☆☆☆
		443
	シューベルト記念館	SCHUBERT-01
9	NUßDORFER STR. 54	

1797年1月31日日曜日(13:30)生誕から1801年秋まで、この生家で過ごした。当時は1階は父の学校、2階が住居の集合住宅で、16の居住区画がなされていた。また、この周りは戸数86程度の集落だった。この記念館は1912年5月18日開設された。

	魔王作曲の家	☆☆☆☆☆
		444
	現：自動車工場	SCHUBERT-02,04,07
9	SÄULEN GASSE 3	

この父の学校兼住居は、1801年一家が移り住み、シューベルトは3回出入りする。②一回目は01年8月13日から08年10月まで。④二回目は、13年11月から16年。この間14年10月19日糸を紡ぐグレートヒェンを作曲しドイツリートの誕生日といわれる。また15年18歳の時、シュパウンからショーパー紹介される。⑦三回目は17年末から18年初旬にかけて再び舞い戻る。

	ツェムリンスキーも同居していた シューンベルクの家	☆☆
		445
		SCHOENBERG ZEMLINSKY
9	LIECHTENSTEINSTR. 68-70	

1903年にシェーンベルク夫婦が娘Gertrudと一緒にここに移って、1908年まで住んだ。また、1906年には、妻のマティルデの兄であったツェムリンスキー夫婦も同じ建物に入って来た。

	シューベルトの胸像	☆
		446
		SCHUBERT
9	MARKT GASSE 35 （31から37に飛んでいる）	

1963年シューベルト協会設立100年記念し胸像設置された。

		☆☆☆☆☆
	シューベルトが洗礼を受けた教会	447
	リヒテンタール教会	SCHUBERT STR-I
9	MARKT GASSE 40	

シューベルトが1797年2月1日洗礼を受け、少年時に音楽の基礎教育を受けたところ。また、ヨハン・シュトラウス1世が1825年7月11日アンナと結婚式もここであげている。

		☆☆☆
	パデレフスキーの住居	448
		PADEREWSKI
18	ANASTASIUS GRUN GASSE 40	

1884年ウイーンに移り、レシェティッキに入門しピアノの腕を磨き、1885から86年シュトラスブルク音楽院で教鞭をとる。1887年ピアニストとしてウイーンでデビュー果たす。この名声が、その後のピアニストとしての活躍に基礎になった。その時期の住居。

		☆☆
	コルンゴルドの名声が出始めたころの家	449
		KORNGOLD
18	STERNWARTESTR. 35	

1897年5月29日生まれ1957年11月29日没した作曲家で、1928年作曲家として名声が出始めたころ結婚し、1934年ハリウッドに移るまでここに住む。その後、1949年ここに戻って最後のオペラを書くも失敗する。

		☆☆☆☆
	シューベルトが埋葬される直前に祝福を受けた教会	450
	GERTRUD KIRCHE	SCHUBERT
18	GERTRUDPLATZ	

シューベルトは1828年11月19日午後3時に腸チフスで他界した。そして、21日の午後、聖ヨーゼフ教会(285)で祝福を受け、ここのGertrud教会経由、ヴェーリング墓地(452)のベートーベンの隣に埋葬された。

1－100
101－200
201－300
301－400
401－500
501－561

	シューベルトが通った居酒屋	☆☆☆
		451
		SCHUBERT
18	KUTSCHKER GASSE 44	

シューバーが借りていた家に居候していた時期に足しげく通った居酒屋ツムビアザックの跡で、1826年7月に来たときに、ここでセレナードD889を作曲した。

	ベートーベンとシューベルトが 初めに入った墓地	☆☆☆☆☆
		452
	シューベルト公園（旧ヴェーリング墓地）	BEETHOVEN
		SCHUBERT
18	WÄHRINGER STR. 123	

1827年3月29日ベートーベンが埋葬され、翌年28年11月19日シューベルトも死去し、二人の墓があった（現在は墓石のみ）。このヴェーリング墓地は1767年開かれたが、1873年閉鎖されたため1888年中央墓地へ改葬された。1925年からシューベルト公園となって憩いの場になっている。

	クレネックの生家	☆☆☆
		453
		KRENEK
18	ARGAUER GASSE 3	

1900年8月23日生誕した生家。ここで少年時代を過ごし、ロマン主義的作風からすぐに無調に転換し、22歳の時の交響曲第2番で有名になる。その後、1937年アメリカロスアンジェルスへ移住。12音階技法、電子音楽による現代音楽を多く作曲。なお、最初の妻は、マーラーの娘アンナだった。

	バルトークの音楽活動開始時期の家	☆☆☆
		454
		BARTOK
18	GERSTHOFER STR. 55 /WALLRISS STR.	

1905年25歳から06年26歳の住居だが、パリでのルービンシュタインコンクールの準備や演奏旅行で空家になることが多かった。またこの時期からコダーイと民謡の共同研究を開始した。

	カールマンの胸像	☆
		455
		KALMAN
18	TÜRKENSHANZPARK	

1977年10月24日除幕された胸像。

	カールマンのアパート	☆☆
		456
		KALMAN
18	HASENAUER STR. 29	

銘板には1930年から39年となっているが、最近の研究で1934年から38年まで住んだ住居となる。

	リストと弟子の数で競ったピアニストの家	☆
		457
		LESCHETITZKY
18	WEIMARER STR. 60	

1830年6月22日生まれ1915年11月14日没したピアノ教師、作曲家、ピアニストの住居。特に、ピアノ教師としては、当時、リストと弟子の数では競った。

	ランナー終焉の住居跡	☆☆☆☆
		458
		LANNER
18	GYMNASIUM STR. 85- 87	

1843年4月14日42歳でチフスにより他界した最後の住居跡。葬儀ではライヴァルでもあったヨハンシュトラウス1世が指揮した。

	クレネックが通った学校跡	☆
		459
		KRENEK
18	KLOSTER GASSE 21-25	

1911年と1919年の2回通った学校跡。

	ショパンの面倒もみた ベートーベンのパトロンの家	☆☆☆☆
		460
	MALFATTI邸	BEETHOVEN CHOPIN
18	LACKNERGASSE 79	

ベートーベンのパトロンであった医者のヨハン・マルファッティの住居で、その後、ショパンと同郷のポーランド人女性と結婚していたためマルファッティは、家族ぐるみで1831年から32年の間にショパンの面倒をみた。

	☆☆☆☆
ベートーベンが英雄交響曲を着手した家跡	461
	BEETHOVEN-8
19　HOFZEILE 15	

1803年6月頃から翌年1804年まで、ここにあった家に住んで英雄着手、ワルトシュタイン、三重協奏曲を作曲。なお、最近までは、ここではなく、ドブリンガー通りのエロイカハウス(471)として博物館となっているところが、この時期の住まいとされてきた。

	☆☆☆☆
ベートーベンが湯治療で滞在	462
	BEETHOVEN-45
19　PYRKER GASSE 13	

ここに来る前の1821年1月には、リウマチの発熱のため約6週間病床につく。その後少しよくなって来たが、22年夏に湯治療に来た。この建物は、大戦で破壊し廊下に銘板のみ有る。

	☆☆
マーラーの妹と結婚した ウイーンフィルのコンマスの家	463
	ROZER
19　PYRKER GASSE 23	

ウイーンフィルの名物コンマスで、ウイーン音楽アカデミーの教授としても有名なローズの住居で、ここにはローズ姉妹のプリマリウス・ローズ、アーノルド・ローズ、彼の妻でマーラーの妹コスティーネが住んでいた。妻コスティーネは、その後、晩年ロンドンに移住し、そこで亡くなる。

	☆☆☆☆
ベートーベンのチェロソナタ作曲の家	464
	BEETHOVEN-27 SCHUBERT
19　SILBERGASSE 4	

ここオーバードブリンゲンにはいくつかのベートーベンが住んだアパートがありますが、この家で1815年夏から秋まで滞在しチェロソナタOP102作曲した。一方、シューベルトは、1827年8月にここの庭で、合唱曲セレナードD920の初演を行った。

		☆☆☆☆
ヴォルフがリートに集中した時期の家		465
		WOLF
19	BILLROTH STR. 68	

1885年から94年までのヴォルフの住居で、この家は、エリザベート(シッシー)に宝石を収めていた宝石商の別荘で、特に1888年12月9日から翌年89年2月12日までの期間、ここにこもり、集中的にイタリア、ゲーテの詩による歌曲集を作曲した。

		☆☆
マーラーが痔で通院した ブラームスの友人の医者の家		466
RUDOLPHINERHAUS CLINIC		BRAHMS MAHLER
19	BILLROTH STR. /SILBER GASSE	

ブラームスの友人で医者のテオドール・ビルロッスがいた病院で、マーラーが王宮歌劇場監督になって間もない1898年痔で通院していた。

		☆☆☆
ランナーとシュトラウス1世が 初めに入ったお墓		467
ヨハン・シュトラウス1世、ランナー公園		LANNER STR-I
19	BILLROTH STR. NR. 84-ENDE	

昔のデープリング墓地で1885年閉鎖され、1904年二人の遺体は中央墓地へ改葬された。その後、ここは1927年公園になる。

		☆☆☆
51歳のベートーベンが湯治療で滞在		468
		BEETHOVEN-41
19	SILBERGASSE 9	

1821年年頭からリューマチ熱に苦しみ、この年の夏をここで過ごした。この間も、寝たきりの状態ではあったが、ミサソレムニスの作曲は続いた。しかし、体調は改善されず9月7日にバーデンに移る。

		☆
ヴォルフの記念碑		469
HUGO-WOLF-PARK		WOLF
19	KROTTENBACH STR /ENDE TELEKYGASSE	

ここには、墓地がなく、彼の記念碑のみあります。

1-100

101-200

201-300

301-400

401-500

501-561

			☆☆☆
		シュトラウス一家がよく出演したホール	470
19	DÖBLINGER HAUPTSTR. 76		STR-I STR-II

シュトラウス親子が活動したカジノ・ツェーゲルニッツで、1837年6月21日シュトラウス1世が開館演奏し、1845年には、ベルリオーズ出席下シュトラウス2世がローマの謝肉祭を演奏する。現在、奥にあるカジノのホールは音響がよく、レコーディング場にも使われる。

			☆☆☆☆☆
		エロイカ作曲の家と言われていたが、 新説が出現した	471
		エロイカハウス	BEETHOVEN-10
19	DÖBLINGER HAUPTSTR. 92		

1804年夏に住んだ。当時平屋だったが1840年2階建てに改築され1970年から博物館となる。ここでは当時有名だったピアノ製作者エラールから広い音域をもつ新型ピアノが送られた結果、英雄に着手、ワルトシュタインop53などのダイナミックな名曲が生み出されていくことになった。しかし、最近の研究で、ここではなくHOFZEILE通り(461)に有った家との新説が出る。

			☆
		19世紀後半の高級サロン	472
		現:ドブリンガー郷土博物館	SCHUBERT BUSONI RUBINSTEIN
19	DÖBLINGER HAUPTSTR. 94		

1870年から1890年頃まで、ウイーンで最も高級なサロンの一つで、シューベルトの友達、ブソーニ、アントン・ルービンシュタインなどの芸術家が集まった。

			☆☆
		音楽の指導に通った盲人学校があった	473
			WEBERN
19	HOHE WARTE 32		

1925年から31年の期間、ここにあった盲人イスラエル人向け学校で教えた。この学校には遠くはポーランド、ハンガリーからも生徒が集まり、ここで、週2回の合唱やピアノレッスンにあたった。

		☆☆☆
	クリップスの生家	**474**
		KRIPS
19	SAARPLATZ 5	

戦後のウイーン音楽界の再建に尽くした1902年4月8日に生まれたヨーゼフ・クリップスの生家で、両親の家だった。なお、1999年ウイーン歌劇場(1)ホワイエに胸像が掲げられた。

		☆☆☆
	アルマの実家	**475**
	現:サウジアラビア公邸	MAHLER
19	STEINFELD GASSE 2	

アルマの実家で、現在はサウジアラビア公邸になっている。

		☆☆☆
	マーラー仲間が集まった家	**476**
		MAHLER
19	STEINFELD GASSE 6	

1901年マーラーは近く結婚するアルマと彼女の母親、義父となる画家カール・モールと住む。ここには多くの芸術家が集まり芸術談義に花をさかせた。

		☆☆☆
	マーラーが死亡したとして 登記されている家	**477**
		MAHLER
19	WOLLERGASSE 10	

1906年建築家 Josef Hoffman が義父 KarlMoll(1861-1945)のために設計した家で、ニューヨークからパリ経由で敗血病が悪化したマーラーをアルマが連れて帰り、1911年5月12日午前にまずこの家にたどり着いた。しかし、即、サナトリウム(208)に移り、5月18日午前0時に息を引き取った。ここの住所が、彼の死んだ場所として登記されている。

		☆☆☆☆
	有名なベートーベン像	**478**
	ハイリゲンシュタット公園	BEETHOVEN
19	HEILIGENSTADTER PARK /GRINZINGER STR.	

散歩姿のベートーベンの記念像。この場所に温泉が出てベートーベンが、湯治療した。

シューベルトの木が有名	☆☆☆☆
	479
ミヒャエル教会（St.Michael）	BEETHVEN
19　GRINZINGER STR /MICHAELER PLATZ4-5	SCHUBERT

庭に1928年設置されたシューベルトの木がある。また、ベートーベンがこの教会の鐘の音が聞こえなくなったために、自殺を考え始めたとも言われている。

ベートーベンが療養で2ヶ月滞在した	☆☆☆☆☆
	480
現：ホイリゲ	BEETHOVEN-32
19　PFARR PLATZ 2	

1816年10月16日から発熱を伴う腸カタルに悩まされていたベートーベンは、翌年17年5月から6月下旬までの二ヶ月間ここで療養するため住んだ。そうした中で、6月9日にロンドンから招聘され、交響曲2曲の作曲委託を受ける。中庭の奥の左側に彼の部屋があった。

ハイリゲンシュタット遺書の家	☆☆☆☆☆
	481
ベートーベン博物館	BEETHOVEN-6
19　PROBUS GASSE 6	

1802年4月から10月まで耳の治療でここに来て、10月6日に遺書をここで書く。

ベートーベンが好んで散歩した 森の中の胸像	☆☆☆
	482
ベートーベン胸像	BEETHOVEN
19　BEETHOVENGANG /BEETHOVENRUHE AM SCHREIBERBACH	

1863年6月15日除幕された胸像。この記念碑がある場所から更にカーレンベルガー通りを登ると、ウィーン市全体が望められる絶好の展望ポイントがある。

田園交響曲2楽章の小川が流れる	☆☆☆☆
	483
	BEETHOVEN
19　BEETHOVEN AUSSICHT	

この周辺はベートーベンがこよなく愛し散歩をしたエリアで、この静けさの中で、田園交響曲の他にも、あの激情的な熱情ソナタの楽想を得たという記録もある。

		☆☆☆
「私はグリンツィング生まれ」を作曲した家		**484**
ホイリゲ:ラインプレヒト		STOLZ
19	COBENZL GASSE 22（G）	

渡米直前の1938年に、ここで「私はグリンツィング生まれ」を作曲した家。

		☆☆☆☆☆
田園交響曲のスケッチが進んだ家		**485**
		BEETHOVEN-15
19	GRINZINGER STR. 64	

この家には既に劇作家グリルパルツアのピアノ好きな母親が住んでいたが、1808年夏にベートーベンがこの家を見つけて移り住む。ここで、田園交響曲のスケッチが進む。その後、バーデンへの小旅行を経てウイーンへ戻る。

		☆☆☆
アイスラーが出世した時期の住居		**486**
		EISLER
19	HIMMEL STR. 4	

1903年オペレッタ"宿無し大将（兄弟シュトラオビンダー）BRUDER STRAUBINGER"を作曲した住居で、ウイーンで一躍有名になる。

		☆☆☆☆☆
シューベルトが好んだホイリゲ		**487**
		SCHUBERT
19	HIMMEL STR. 25	

しばしば、訪れたグリンツィングのホイリゲ。

		☆☆
シュトルツの別荘		**488**
		STOLZ
19	HIMMEL STR. 69	

シーズンオフの毎年夏にはこの別荘にこもって、作曲に集中した。

カール・ベームの晩年の住居	☆☆☆☆ 489	
	BOHM	
19	HIMMEL STR. 41-43	

晩年の住居で、ここで、1967年ウイーンフィル創立125周年に初の名誉指揮者称号受けた。

当時の副首相の邸宅	☆☆☆ 490	
旧コーベンツル伯爵邸	MOZART	
19	OBERER REISENBERGWEG 1 /COBENZLGASSE 33	

モーツアルトがウイーンに移住した頃の副首相だったコーベンツル伯爵別邸で、度々滞在した。

オペレッタ作曲家ベナッキーの家	☆☆☆ 491	
	BENATZKY	
19	HIMMEL STR. 7	

チェコ生まれで、白馬亭を作曲したオペレッタ作曲家ベナッキー RALPH・BENATZKY の家。

シューベルトが通ったホイリゲ	☆☆☆ 492	
	SCHUBERT FELLNER	
19	HIMMEL STR. 29	

シューベルトが、しばしば訪れたグリンツィングのホイリゲ。後年、シュランメル楽団でアコーディオン奏者の SEPP・FELLNER が、ここで活躍した。外壁に銘板がある。

シュランメル兄弟がよく演奏していた家	☆☆ 493	
	SCHRAMMEL	
19	KAHLENBERGER STR. 7-9	

シュランメル兄弟によって、ウイーンの新しい民族伝統音楽として確立され、ブラームス、シュトラウス2世、シューンベルクも愛好し聞きに来ていた。

		☆☆☆☆☆
ベートーベンの聴覚が 極度の落ちた時期の住居		494
		BEETHOVEN-33
19	KAHLENBERGER STR. 26	

PFARR PLATZ 2(480)での療養の成果が上がらず、1817年7月から当時ヌスドルフ町長の家であったこの建物の2階に移り、10月14日まで住んだ。この夏の間、甥カール教育問題で心労。一方、聴覚が極度に衰える。それでも、ピアノ三重奏op1-3を編曲した弦楽五重奏曲op104を作曲し、ピアノソナタ第29番ハンマークラビアop106を書き始めた。

		☆☆
オペレッタ作曲家ミロッカー生家		495
		MILLOECKER
19	HACKHOFER GASSE 8	

1842年4月29日に生誕したオペレッタ作曲家のミロッカーの生家。

		☆☆☆☆☆
シカネーダーやレハールも住んだ住居		496
レハール・シカネーダ城館		SCHIKANEDER LEHAR TAUBER
19	HACKHOFER GASSE 18	

シカネーダーが1802年に購入し1809年まで住む。1809年5月のナポレオン軍の来襲でこの家もやられたが、その後再建された。その後レハールがベルリンから帰った1932年から1938年まで住んだが、その後、バート・イッシェルに引越した。さらに後、オペラ、オペレッタ歌手、作曲家でもあったタウバーも住んだ。

		☆
シューベルト記念菩提樹が有名		497
		SCHUBERT
19	SIEVERINGER STR /BRECHERGASSE	

プファール教会の横に植えられたシューベルト記念菩提樹。

		☆
フロトー56歳の住居		498
		FLOTOW
19	AGNES GASSE 9	

1868年より住みオペラMARTHAを作曲した住居。

1-100　101-200　201-300　301-400　401-500　501-561

1 | 100
101 | 200
201 | 300
301 | 400
401 | 500
501 | 561

		☆☆
	アントン・カラスの家	**499**
		ANTON KARAS
19	SIEVERINGER STR. 173	

ここで、ホイリゲでの演奏（流し）という薄給の中で、妻と3人の子供を養っていた1948年、第3の男の音楽担当に抜擢される。

		☆☆☆
	シュトラウス1世の義父の別荘	**500**
		STR-I STR-II
19	DREIMARKTSTEIN GASSE 13	

シュトラウス1世の妻アンナの父ヨーゼフ・シュトライムの夏の別荘で一家は、1829年から36年までの毎年夏を過ごす。シュトラウス2世が6歳の時にここで最初のワルツ作曲した。

		☆☆
	合唱曲小さな村を作曲した家	**501**
		SCHUBERT
19	DREIMARKTSTEIN GASSE 6	

1817年20歳のシューベルトが合唱曲「小さな村」D598を作曲したところで、この曲は、声楽作曲家としてのデビュー作と言える。

		☆☆☆☆
	マーラーの葬儀が行われた教会	**502**
	Heiliges Kreuz（グリンツィング教区教会）	MAHLER
19	MANNAGETTA GASSE /HIMMEL STR.	

マーラーが1911年5月18日死去し、22日葬儀が行われた教会。葬儀は、音楽が伴う葬儀を嫌ったマーラーの遺志により、近親者のみで行われた。

		☆☆☆☆☆
	有名なマーラーの墓地	**503**
	グリンツィング墓地	MAHLER
19	GRINZINGER FRIENDHOF	

1911年5月22日埋葬された墓（6クループ7列1,2）で、墓石は本人の遺言とおり簡素なのデザインで建築家ヨーゼフ・ホフマンがデザインした。この墓の背中側の6グループ6列7番には、妻アルマも2番目の夫グロピウスと眠る。また、アルマの妹と夫でウイーンフィルのコンマスのロゼも眠る。

		☆
	ツェムリンスキーが アメリカへ逃亡するまでの家	**504**
		ZEMLINSKY
19	KAASGRABEN GASSE 24	

オーストリアからの逃亡するまでの1934年から38年までの間の住居。

		☆
	シェーンベルクの伝記作家の家	**505**
		EGON WELESZ
19	KAASGRABEN GASSE 32	

1885年10月21日生まれで、シェーンベルクの伝記を執筆した音楽学者の住居。1922年国際現代音楽協会設立の一員となり、29年ウイーン大学の音楽学の教授になるも、ユダヤ人のためにイギリスに逃れオックスフォード大学でも教えた。その後1974年1月9日没した。

		☆
	アントン・カラスに所縁のある広場	**506**
		ANTON KARAS
19	ANTON-KARAS-PLATZ	

アントンカラス広場と名付けられた小さな広場。

		☆☆☆☆☆
	支援者エルディティ伯爵の宮殿	**507**
		HAYDN
	エルディティ宮殿	BEETHOVEN-26
21	JENEWEIN GASSE 17	

ハイドンが最後の弦楽四重奏OP77を献呈し、ベートーベンも1815年夏に度々訪問した支援者エルディティ伯爵の宮殿。しかし、1863年焼失。現在の建物は再建されたもの。

近郊

場所名	場所名（英字）	整理番号
アイゼンシュタット	Eisenstadt	533 ~ 537
アッツェンブルク	Atzenburg	545
クレムス	Krems	546 ~ 554
クロスターノイブルク	Klosterneuburg	538 ~ 540
ザンクト　ペルテン	ST.Poelten	558 ~ 561
ハイリゲンクロイツ	Heiligenkreuz	513
バーデン	Baden	514 ~ 530
プッカースドルフ	Pukersdorf	542
プレスバウム	Pressbaum	541
マイヤーリング	Mayerling	508
ミュルツツーシュラーク	Muerzzuschlag	555 ~ 557
メードリンク	Moedling	509 ~ 512
メルヴィッシュ	Moerbisch	543
ルスト	Rust	544
ローラウ	Rohrau	531,532

MAYERLING

うたかたの恋の舞台	MAYERLING
	☆☆☆
MAYERLING 3	508
ルドルフ皇太子とマリーとの心中事件の舞台。	RUDORF 皇太子

MÖDLING

ハンマークラヴィア作曲の家	MÖDLING
	☆☆☆☆☆
HAUPT STRASSE 79(G)	509
1818年と19年の夏に避暑で宿泊した。ここで、ハンマークラヴィア作曲した。（No.35=1818夏。37=1819夏）	BEETHOVEN-35,37

ミサ・ソレムニスに本格的に着手した家	MÖDLING
	☆☆☆☆
ACHSENGAU GASSE 6(G)	510
1820年夏の住居でミサ・ソレムニスに着手した。	BEETHOVEN-39

ウエーベルンが静けさを求めて移って来た住居	MÖDLING
	☆☆☆
IM AUHOLZ 8	511
シェーンブルグ宮周辺の騒音から逃れ1932年8月から移り45年まで住んだ家。	WEBERN

シェーンベルク記念館	MÖDLING
	☆☆☆☆
BERNHARD GASSE 6	512
1918年から25年まで住んだ家で、21年にはここで十二音階作曲技法開発した。	SCHOENBERG

HEILIGENKREUZ

ハイリゲンクロイツ僧院	HEILIGENKREUZ
	☆☆☆☆☆
STIFT	513
礼拝堂のオルガンを度々演奏	SCHUBERT BRUCKNER

BADEN

ベートーベン博物館	BADEN ☆☆☆☆☆
RATHAUSGASSE 10（G）	514
1821年夏にミサ・ソレムニス、22年夏は献堂式、23年夏は第9交響曲の大部分をここに滞在し作曲した。（No42＝1821夏。47＝1822夏。51＝1823夏。）	BEETHOVEN-42, 47,51

シューベルトやシュトラウス1世が滞在したホテル	BADEN ☆☆☆☆
RATHAUSGASSE 11	515
シューベルトは、1828年6月2日滞在し翌日ハイリゲンクロイツ教会で演奏するオルガン曲（D952）を作曲した。また、1876年7月7日と翌年77年には、ヨハン・シュトラウスII世も滞在し演奏した。壁面には、二人の銘板がある。	SCHUBERT STR-II

献堂式を作曲した宿	BADEN ☆☆☆☆
ANTONS GASSE 4（G）	516
1822年8月から6週間滞在して、献堂式の作曲をここの宿屋で行った。	BEETHOVEN-46

ベートーベン37歳の時に宿泊	BADEN ☆☆☆
JOHNNES GASSE 12	517
1807年初夏に滞在して、ハ長調ミサの作曲を進める。	BEETHOVEN-13

アヴェ・ヴェルム・コルプスが初演された教会	BADEN ☆☆☆
PFARR GASSE	518
1791年6月23日（または、7月10日）アヴェ・ヴェルム・コルプスがこの教会で初演された。教会内に銘板と譜面コピーがある。	MOZART

		BADEN
	後期弦楽四重奏曲作曲の家跡	☆
	PELZGASSE 22	519
	1824年夏（No.54）には弦楽四重奏曲12番op127。1825年夏（No.57）には、弦楽四重奏曲13番、15番の第3楽章を作曲した家があったところ。	BEETHOVEN -54,57
現在：空き地		

		BADEN
	ランナーとシュトラウス1世の記念碑	☆☆
	KURPARK	520
	1912年建てられた記念像。	LANNER STR-I

		BADEN
	モーツアルト聖堂	☆☆
	KURPARK	521
	胸像。	MOZART

		BADEN
	ベートーベン聖堂	☆☆
	KURPARK	522
	記念聖堂。	BEETHOVEN

		BADEN
	アレーナ劇場	☆☆☆
	KURPARK	523
	夏にオペレッタやオペラが上演される。	劇場

		BADEN
	アヴェ・ヴェルム・コルクスを作曲した家	☆☆☆☆
	REN GASSE 4	524
	1791年6月17日アヴェ・ヴェルム・コルクスを作曲した家でコンスタンツェが療養した場所。	MOZART

1–100
101–200
201–300
301–400
401–500
501–561（近郊）

ベートーベンが宿泊したホテル	BADEN ☆☆☆
FRAUEN GASSE 10（G）	525
1822年10月11日から21日までここの宿に宿泊した。その後、グリルパルツァも1848年から毎年避暑に来ていた。	BEETHOVEN-48

サリエリやベートーベンが宿泊したホテル	BADEN ☆☆☆
WEILBURG STRASSE 13	526
サリエリが1786年から1823年の間に度々滞在した。また、ベートーベンは1809年夏（No.17）、10年夏（No.20）、13年5月27日から9月中旬（No.22）までの滞在時には、ウエリントンの勝利の筆を進めた。	SALIERI BEETHOVEN-17, 20,22

弟カールと一緒に避暑で滞在	BADEN ☆☆
BRAITNER STRASSE 26（G）	527
1816年夏から9月末まで期間の住居で、ヘルニア手術を受けたカールも連れてくる。	BEETHOVEN-29

ミロッカー終焉の家	BADEN ☆☆
CONRAD VON HOETZENDORF PLATZ 8	528
1899年12月31日終焉の家。	MILLOECKER

ツィーラーの住居	BADEN ☆☆
HILDEGARD GASSE 24	529
晩年の住居。	ZIEHRER

ベートーベンが避暑で住んだ家	BADEN ☆☆☆
GUTENBRUNN	530
1824年と25年の夏に宿泊した説もある。	BEETHOVEN

ROHRAU

ハイドンの生家	ROHRAU
	☆☆☆☆☆
OBERE HAUPT STRASSE 25	531
1732年3月31日生誕した家。弟ミヒャエルもここで生誕。	HAYDN

ハイドン記念像	ROHRAU
	☆☆
OBERE HAUPT STRASSE	532
ハイドン胸像	HAYDN

EISENSTADT

エステルハージー宮殿	EISENSTADT
	☆☆☆☆☆
ESTERHAZY PLATZ	533
1761年5月1日から29歳のハイドンが副楽長として赴任した。1766年に楽長に昇進する。ここの中庭正面二階「ハイドンザール」の音響はいい。	HAYDN

リスト記念像	EISENSTADT
	☆☆☆
ESTERHAZY PLATZ	534
リストの父親がエスレルハージ侯爵家に仕えていたために建てられた記念像。	LISZT

ハイドン記念館	EISENSTADT
	☆☆☆☆☆
JOSEPH HAYDNGASSE 21（G）	535
1766年5月2日から78年10月27日間の楽長時代に住んだ家。	HAYDN

ハイドンが眠るベルグ教会	EISENSTADT
	☆☆☆☆☆
BERG PLATZ [GERBKIRCHE]	536
1954年6月5日にここの地下に棺が安置された。	HAYDN

ハイドンの作曲小屋	EISENSTADT
	☆☆☆
BURGERSPITAL GASSE 2	537
ハイドンのガーデンハウスで、ここでも作曲に集中した。	HAYDN

KLOSTERNEUBURG

トラップ大佐の宮殿	KLOSTERNEUBURG
	☆
MARTINSTR. 34	538
映画サウド・オブ・ミュージックのトラップ大佐の館の舞台になった宮殿。	映画の舞台

アルブレヒツベルガーの住居	KLOSTERNEUBURG
	☆
MARTINSTR. 38	539
1749年の住居。	ALBRECHTSBERGER

ブルックナーが弾いたオルガンで有名な教会	KLOSTERNEUBURG
	☆☆
STIFT	540
1885年11月15日ここのオルガンを演奏した。	BRUCKNER

PRESSBAUM

ブラームスのピアノ協奏曲第2番作曲の家	PRESSBAUM
	☆☆☆☆
JOHANNES BRAHMS GASSE 1（BRENNTENMAIS STR. 28）	541
1881年7月7日から9月まで避暑で宿泊した家で、ここでピアノ協奏曲2番ロ長調作曲した。オリジナルの家は戦火でないが、この家では今でも時々音楽会が開催される。	BRAHMS

1
｜
100

101
｜
200

201
｜
300

301
｜
400

401
｜
500

501
｜
561
（近郊）

PURKERSDORF

モーツアルトが最後に父を見送った場所	PURKERSDORF ☆
LINZER STR. 3	542
1785年4月25日朝、父レオポルトをモーツアルト夫婦で見送る。	MOZART

MÖRBISCH

湖上オペレッタが有名な屋外劇場	MÖRBISCH ☆☆☆
SEEBAD 1	543
シーズン中には毎日湖上オペレッタが楽しめる。	

RUST

コウノトリで有名な場所	RUST ☆
RUST	544
ノイジートラー湖畔で、地元ワインと夏のコウノトリで有名な観光地。	

ATZENBRUG

シューベルト博物館(Museum Schloss)	ATZENBRUGG ☆☆☆☆
SCHLOSS PLATZ 1	545
今でもここで時々シューベルティアーゼが開催されている。	SCHUBERT

KREMS(クレムス・アンデア・ドナウ)

ベートーベン最後の弦楽四重奏曲作曲の家	KREMS ☆☆☆☆☆
SCHLOSS STR. 19	546
実際ここには住まわなかったが、1826年弟の家に来た時に、ここの領主の家に立ち寄り、最後の弦楽四重奏曲 op130,135作曲した。	BEETHOVEN-59

ベートーベン記念碑	KREMS
	☆☆☆
GNEIXENDORFER STR.	547
1826年ベートーベンが滞在したことを記した銘板と記念碑。	BEETHOVEN

カールを連れて行った弟の家	KREMS
	☆☆☆☆
WASSERHOF STR. 5	548
カールが自殺未遂後、1826年9月29日連れて行って養生させた末弟ヨハン邸。	BEETHOVEN

シューベルトがリサイタル開催	KREMS
	☆☆☆
大修道院	549
1819年8月26日シュタイヤーの帰路にフォーゲルと共にリサイタル開催。	SCHUBERT

ミノリテン教会	KREMS
	☆☆
GOTTWEIGERHOF GASSE 7	550
1716年4月9日生まれ78年6月7日に死んだオルガン奏者、作曲家で、46年から53年まで、ここの教会で活躍した。	JOHANN-GEORG-ZECHNER

クレネック博物館	KREMS
	☆☆☆☆
MINORITENPLATZ 4	551
クレネックの博物館になっている。彼はマーラーの子供アンナ・マーラーと結婚するも1年で破局。義母アルマ・マーラーに交響曲第10番の完成を依頼されるも、第1、3楽章のみ校正、改訂した。	KRENEK

リストの母親の実家	KREMS
	☆☆
DOMINIKANERPLATZ 5	552
リストの母親の実家。	LISZT

ケッヘルの生家	KREMS
	☆☆☆☆☆
SCHURERPLATZ 8	553
モーツアルトの作品集を編集した、植物学者でもあったケッヘルの生家。	KOCHEL

リストの母方親族の家	KREMS
	☆
UNT.LANDSTR. 4	554
リストの母親のラガー親族の家。	LIST

MÜRZZUSCHLAG

ブラームスの像	MÜRZZUSCHLAG
	☆☆
DIETRICH PARK	555
胸像。	BRAHMS

ブラームスが交響曲第4番を作曲した家	MÜRZZUSCHLAG
	☆☆☆☆☆
WIENER STR. 4	556
1884年6月21日から10月16日まで滞在し、交響曲第4番の第1、2楽章、翌年85年夏に3、4楽章を作曲する。	BRAHMS

ブラームスの散歩道	MÜRZZUSCHLAG
	☆☆☆☆☆
BRHMUS WEG	557
交響曲4番の構想を練った散歩道。	BRAHMS

ST.PÖLTEN

シューベルト宿泊したホテル	ST.PÖLTEN
	☆☆
DOMPLATZ 7	558
ここにあった "三つの王冠" というガストハウスに1821年9月に宿泊した。	SCHUBERT

シューベルトの親友の親戚の家	ST.PÖLTEN
	☆☆☆☆☆
RATHAUS PLATZ 2(市庁舎の左隣)	559
ショーバーの母方の親戚がここの司教で、ここに住んでいた。そのために、1821年9月にオペラ "アルフォーゾとエストゥレッラ" (D732)に専念するためショーバーと訪問。2,3回のシューベルティアーゼをここで開催。	SCHUBERT

シューベルトの名前の書店	ST.PÖLTEN
	☆
WINER STR. 6	560
シューベルトの名前の本屋。	書店

シューベルトの名前のカフェ	ST.PÖLTEN
	☆
HERREN PLATZ 1	561
シューベルトの名前のカフェ。	カフェ

中央墓地［番号＝356］

地区	埋設番号	関係者	史跡
32A	10	WOLF	墓
32A	11	MULLER	墓
32A	15	STR-I	墓
32A	16	LANNER	1843年4月14日チフスで死去し埋葬された墓
32A	26	BRAHMS	1897年4月3日埋葬された墓
32A	27	STR-II	墓
32A	28	SCHUBERT	1888(or1889)年　ベートーベンと移されてきた墓
32A	29	BEETHOVEN	1888(or1889)年　シューベルトと移されてきた墓
32A	31	SUPPE	1895年5月21日死去し埋葬された墓
32A	32	HERBECK	墓
32A	42	STR-EDUARD	墓
32A	44	STR-JOSEF	墓
32A	49	GLUCK	1787年埋葬された墓
32A	55	MOZART	記念碑
32C	1	ZIEHRER	墓
32C	16	FRANZ SCHMIDT	墓
32C	24	STOLZ	1975年6月27日ベルリンで死去し、埋葬された墓
32C	39	FRANZ WERFEL	墓
32C	40	SWAROWSKY	墓
32C	21A	SCHOENBERG	墓
33G	71	ZEMLINSKY	墓
33G	78	BOSKOVSKY	墓
#O	54	SALIERI	墓

中央墓地

1、32C 地区

10 WOLF 11 MULLER 15 STR-I

16 LANNER 26 BRAHMS 27 STR-II

28 SCHUBERT 29 BEETHOVEN 31 SUPPE

32 HERBECK 42 STR-EDUARD 44 STR-JOSEF

49 GLUCK 55 MOZART

2、32C 地区

1　ZIERER

16　SCHMIDT

24　STOLZ

39　WERFEL

40　SWAROWSKY

21A　SCHOENBERG

3、33G 地区

71　ZEMLINSKY

78　BOSKOVSKY

4、#0 地区

54　SALIERI

主な作曲家の年代

■ 生存期間　■ ウイーンで活躍　■ ウイーンに居た時期

	生誕	死去	1600		1700					1800					1900			
			6	8	0	2	4	6	8	0	2	4	6	8	0	2	4	6	8
BARTOK	1881	1945																
BEETHOVEN	1770	1827																
BERG	1885	1935																
BRAHMS	1833	1897																
BRUCKNER	1824	1896																
BUSONI	1866	1924																
CHOPIN	1810	1849																
DONIZETTI	1797	1848																
DVORZAK	1841	1904																
ENESCO	1881	1955																
GLUCK	1714	1787																
GRIEG	1843	1907																
HAYDN	1732	1809																
HELMESBERGER	1855	1907																
HINDEMITHS	1895	1963																
KALAYAN	1908	1989																
KREISLER	1875	1962																
LANNER	1801	1843																
LEHAR	1870	1948																
LISZT	1811	1886																
MAHLER	1860	1911																
MOZART	1756	1791																
NICOLAI	1810	1849																
PADEREWSKI	1860	1941																
PUCCINI	1858	1924																
RAVEL	1875	1937																
RUBINSTEIN	1829	1894																
SALIERI	1750	1825																
SCHMIDT	1874	1939																
SCHOENBERG	1874	1951																
SCHUBERT	1797	1828																
SCHUMANN	1810	1856																
SIBELIUS	1865	1957																
STR-I	1804	1849																
STR-II	1825	1899																
STR-EDUARD	1835	1916																
STR-JOSEF	1827	1870																
STR-RICHARD	1864	1949																
SUPPE	1819	1895																
SZYMANOWSKI	1882	1937																
TCHAIKOVSKY	1840	1893																
VIVALDI	1678	1741																
WAGNER	1813	1883																
WEBER	1786	1826																
WEBERN	1883	1945																
WOLF	1860	1903																
ZEMLINSKY	1871	1942																

■ P49〜58に登場する作曲家　　　→ 音楽史上の2つの転換期

住所索引（住所は英語表記）

［ウィーン市内］

住所	区	概要	番号
AGNES GASSE 9	19	フロトーの住居	498
ALBERTINA PLATZ	1	ケルントナートーア劇場跡で元祖ザッハートルテの店	9
ALBERTINA PLATZ 1	1	テレジアの娘の夫が集めた名品揃い	98
ALBERTINA PLATZ 2	1	ラントマンが経営するカフェ	5
ALSER STR. 4	9	ウイーン市内での最大総合病院	201
ALSER STR. 8	9	ワグネリアン協会を発足させたゴールドマルクの家	204
ALSER STR. 17	8	ベートーベンの葬儀が行われた教会	202
ALSER STR. 18	9	カールマンのアパート	206
ALSER STR. 20	9	ブラームスの伝記を書いた医師の家	209
ALSER STR. 30	9	ベートーベンのウイーンでの初めての住居	210
ALSER STR. 32	9	シェーンベルクの家	203
ALSERBACH STR	9	シューベルト没後100年記念噴水	248
AM HOF 13(a)	1	モーツアルトの天敵コロレードの父親の宮殿	121
AM HOF KIRCHE	1	ヨハン・シュトラウス2世がデビューした教会	122
AM MODENAPARK 9	3	リヒャルト・シュトラウスが通った病院	330
AMERLING STR. 6	4	ラ・フィンタ・センプリチェ作曲の家	404
ANASTASIUS GRUN GASSE 40	18	パデレフスキーの住居	448
ANNAGASSE 3-3A	1	音楽師範学校だった	17
ANNAGASSE 7	1	クラシック音楽家の定宿	18
ANNAGASSE 8	1	オペラ歌手常連のレストラン	19
ANNAGASSE 20	1	シューベルトやブルックナーの先生だったゼヒターの住居	16
ANTON-KARAS-PLATZ	19	アントン・カラスが遊んだ広場	506
ANTON-VON-WEBERN-PLATZ	4	楽友協会の声楽学校だった	307
APFELGASSE 8(or 6)角	4	エネスコの学生時代の家	304
ARGAUER GASSE 3	18	クレネックの生家	453
ARGENTINIER STR.	4	カールス教会で葬儀が行われたグルックの立像	293
ARGENTINIER STR. 4-6	4	シマノフスキーの住居	296
ARGENTINIER STR. 30-30a	4	ニューイヤーコンサートを放送してくれるORF	292
AUENBRUGGER GASSE 2	3	マーラーのウイーンでの活動拠点となった住居	363
AUERSPERG STR. 1	8	バラの騎士の舞台にもなった宮殿	249
AUERSPERG STR. 3	8	ミサソレムニスの一部を作曲した家	253
AUERSPERG STR. 9	8	シェーンベルクの妻が入院した病院跡	254
AUGARTEN	2	ウイーン少年合唱団の宿舎がある公園	392
AUGUSTINERSTR. 1	1	伝統的ウイーン料理レストラン	6
AUHOFSTR. 2	13	シュトラウス2世の記念像がある有名カフェの店	416
BADGASSE 8	9	シューベルトの初恋相手の家	250
BAECKER STR. 6	1	シューベルティアーゼを毎日こなしていた時期の住居	150
BALL GASSE 3	1	芸術家の溜まり場的レストランだった	33
BALL GASSE 4	1	ベートーベンの弟の家	34
BALL GASSE 6	1	シューベルトが通った居酒屋	35
BANK GASSE 2	1	ベートーベンの大スポンサーだったキンスキー邸	109
BARTENSTEIN GASSE 3	1	マーラーの歌劇場監督時代の家	251
BARTENSTEIN GASSE 9	1	市立図書館内の音楽資料館	252
BAUERNMARKT4	1	シューベルト親友の家	60

住所	区	概要	番号
BEATRIX GASSE 8	3	ベートーベン第9完成の家	342
BEETHOVEN AUSSICHT	19	ベートーベンが熱情ソナタのイメージが沸いたエリア	483
BEETHOVENGANG	19	ベートーベンが好んで散歩した森の中の胸像	482
BEETHOVENPLATZ	1	有名なベートーベン像	323
BELVEDERE GASSE 7	4	クレメンス・クラウス生誕の地	284
BERG GASSE 17	9	ベルクの家	197
BERG GASSE 20	9	マーラーの学生時代の住居	198
BILLROTH STR.	19	マーラーが痔で通院したブラームスの友人の医者の家	466
BILLROTH STR. 68	19	ヴォルフがリートに集中した時期の家	465
BILLROTH STR. 84-ENDE	19	ランナーとシュトラウス1世が初めに入ったお墓	467
BOGNER GASSE 5	1	ベートーベンが常連の居酒屋	128
BOLTZMANNGASSE 6	9	シューベルトの看病をした兄夫婦の家	190
BOSENDORFER STR. 12	1	ニューイヤーコンサートの会場	318
BRAEUNER STR. 3	1	劇作家ネストロイの生家	71
BRECHERGASSE	19	シューベルト記念菩提樹が有名	497
BREITE GASSE 8(4,6,8番が一つのビル)	7	ベルクの少年時代の家	241
BRUECKENGASSE端	6	ハイドンの葬儀が行われた教会	410
BURGGARTEN	1	ウイーン観光で有名なモーツアルト像	96
CANOVA GASSE 7	1	ベーゼンドルファー本社	319
CANOVA GASSE 7	1	ウイーンフィルの弦楽器のメンテセンター	320
CHRISTIANEN GASSE	1	シューベルトが基礎教育を学んだ学校	324
COBENZL GASSE 22(G)	19	「私はグリンツィング生まれ」を作曲した家	484
COBENZLGASSE 33	19	当時の副首相の邸宅	490
CZERNING GASSE 7	2	30歳のブラームスが多忙だった時期の家	385
DINGELSTEDT GASSE 16	15	オーストリアの行進曲作曲家の家	406
DOEBLINGER HAUPTSTR. 76	19	シュトラウス一家がよく出演したホール	470
DOEBLINGER HAUPTSTR. 92	19	エロイカ作曲の家と言われきたが、新説出現した	471
DOEBLINGER HAUPTSTR. 96	19	19世紀後半の高級サロン	472
DOMGASSE 4	1	ヘルメスベルガー終焉の家	62
DOMGASSE 5	1	モーツアルト全盛時期の家	63
DOMMAYER GASSE 1	13	シュトラウス2世の記念像がある有名カフェの店	416
DORNBACHER STRASSE 101	17	シューベルトが冬の旅の一部を作曲した旅館	220
DOROTHEER GASSE 3	1	作家カフカの定宿	66
DOROTHEER GASSE 9	1	ドイツの音楽家の家	68
DOROTHEER GASSE 10	1	ウイーン最大の音楽書籍店	67
DOROTHEER GASSE 16	1	ベルクの結婚式が行われた教会	70
DOROTHEER GASSE 18	1	ブラームスやシュトラウス2世の葬儀が行われた教会	69
DR.IGNAZ-SEIPEL-PLATZ(G)	1	シューベルトが寮生活を送ったコンヴィクト	151
DR.KARL LUEGER-RING 1	1	ブルックナーも教壇に立ったウイーン大学	167
DR.KARL LUEGER-RING 1	1	ヨハン・シュトラウス2世の胸像もある市庁舎	168
DR.KARL LUEGER-RING 1	1	ウインナワルツを牽引した二人の像	172
DR.KARL LUEGER-RING 2	1	王宮前の花壇がきれいな庭園	174
DR.KARL LUEGER-RING 2	1	標準ドイツ語での演劇劇場	175
DR.KARL LUEGER-RING 4	1	リング沿いの高級カフェ	176
DRACHEN GASSE 1-3	1	戦後の小劇場	156
DREIMARKTSTEIN GASSE 6	19	合唱曲小さな村を作曲した家	501
DREIMARKTSTEIN GASSE 13	19	シュトラウス1世の義父の別荘	500
ELISABETH STR. 16	1	シュトルツ全盛期の住居	163

住所	区	概要	番号
ELISABETH STR. 22	1	未亡人アルマの住居	164
ELSSLER GASSE 26	13	シューベルト協会設立に貢献したシュミットの住居	424
ELTERLEINPLATZ	17	シュランメルの記念碑	205
ERDBERG STR. 1	3	ツィラー終焉の家	344
ERDBERG STR. 17	3	19歳のシューベルトが泊まった家	345
FAULMANNGASSE 1	4	魔笛が初演された劇場跡	271
FAVORITEN STR. 8	4	オペレッタ全盛期の劇場	300
FAVORITEN STR. 12	4	ヨハンシュトラウス劇場の傍のホテル	299
FAVORITEN STR. 15	4	レオポルド1世皇帝の夏の居住	309
FERSTELGASSE 6	9	ウエーベルン学生時代の家	187
FLEISCHMARKT 1	1	カラヤンの師のシャルクの生家	153
FLEISCHMARKT 11	1	作曲家のサインが見られるレストラン	154
FLEISCHMARKT 14	1	デュッタースドルフとヘルベックの生家	157
FLEISCHMARKT 19	1	シューベルトの友達が自殺した家	158
FLEISCHMARKT 24-28	1	モーツアルト、ショパン、リストらも宿泊したホテル	159
FLORA GASSE 7	4	マーラー20歳の時の住居	274
FLORIANI GASSE 8	8	シュバイツアーの住居	215
FLORIANI GASSE 10	8	シカネーダーの終焉の家	216
FLORIANI GASSE 16	8	マーラーが18歳の夏に過ごした家	218
FLORIANI GASSE 24	8	アイスラーの胸像	219
FLOSS GASSE 7	2	シュトラウス1世の生家	379
FLURSCHUETZ	12	ハイドンの最初の墓	440
FRANKENBERG GASSE 6	4	エネスコの学生時代の家	304
FRANKENBERG GASSE 7	4	バウムガルトナーの生家	275
FRANZISKANERPLATZ 4	1	ウイーン最古のオルガンが有名	40
FREISCHMANNGASSE 1	4	アン・デア・ウイーン劇場音楽監督ロルツィンガーの家	302
FREYUNG 2	1	旧国立銀行が入っていた宮殿	110
FREYUNG 3	1	ハイドンの故郷ローラウの貴族のウイーン内宮殿	111
FREYUNG 4	1	ベートーベンの大スポンサーだったキンスキー邸	109
FREYUNG 6(SCHOTTENHOF)	1	多くの音楽家が関わった教会	112
FRIEDRICHSTR. 6	1	多くの芸術家が通ったカフェ	165
FRIEDRICHSTR. 12	1	新しい芸術運動の象徴的建物	166
FUEHRICH GASSE 4	1	カラヤンの先生だったシャルクの家	20
FUERBER GASSE 1	1	ハイドンの頭蓋骨を隠した役人の家	117
GAERTNER GASSE 5	3	ベートーベンの住居	339
GARNISONGASSE 9-11(or 7)	9	ベートーベンがフィデリオの構想を描いた家	199
GERSTHOFER STR. 55	18	バルトークの音楽活動開始時期の家	454
GERTRUDPLATZ	18	シューベルトが埋葬される直前にここで祝福受けた教会	450
GLORIETTEGASSE 9	13	ベルクの妻の生家	428
GLORIETTEGASSE 43	13	シューンベルク一家が平穏に暮らした住居	429
GOETTWEIHER GASSE 1	1	シューベルト未完成作曲の家	64
GOETTWEIHER GASSE 2	1	サリエリの住居	65
GOLDSCHMIEDGASSE 6	1	ランナー楽団がよく出演したカフェ	78
GRABEN 15	1	ベートーベンが通ったカフェ	72
GRABEN 17	1	モーツアルト後宮からの誘拐を完成させた住居	73
GRABEN 21	1	ベートーベンのたまり場	74
GRABEN 29(TRATTNERHOF)	1	モーツアルトが演奏会出演で多忙時代を送った家	75
GRAF.STARHEMBERG GASSE 14	4	ベーゼンドルファーの工場跡	280

住所	区	概要	番号
GRINZINGER FRIENDHOF GRUPPE 6-R7	19	有名なマーラーの墓地	503
GRINZINGER STR.	19	有名なベートーベン像	478
GRINZINGER STR.	19	シューベルトの木	479
GRINZINGER STR. 64	19	田園交響曲のスケッチが進んだ家	485
GROSSE PFARRGASSE	2	シュトラウス兄弟がここの聖歌隊に入る	370
GROSSE SCHIFF GASSE 21	2	クライスラーの生家	378
GRUENANGER GASSE 8	1	ハイドンの初恋の女性の家	43
GRUENBERGSTR. 2	12	ベートーベン29歳の時の大成功した演奏会場	438
GRUENENTOR GASS 9-11	9	シューベルトが梅毒の発病した時期の実家	196
GUMPENDORFER STR. 11	6	レハールが常連だったカフェ	257
GUMPENDORFER STR. 14	6	難聴がひどくなってきた時期のベートーベンの住居	259
GUMPENDORFER STR. 17	6	オペレッタの重鎮のミロッカーの生誕地	260
GUMPENDORFER STR. 47	6	ランナーの住居	256
GUMPENDORFER STR. 109	6	ハイドンの葬儀が行われた教会	410
GURTELSTR.端	12	ハイドンの最初の墓	440
GYMNASIUM STR. 85-87	18	ランナー終焉の住居	458
HACKHOFER GASSE 8	19	オペレッタ作曲家ミロッカー生家	495
HACKHOFER GASSE 18	19	シカネーダーやレハールも住んだ住居	496
HADIK GASSE 52	14	第9交響曲が初演された時期の住居	413
HADIK GASSE 62	14	ベートーベン54歳の夏を過ごした家	414
HADIK GASSE 72	14	ブラームスが訪ねたワーグナーの家	415
HADIK GASSE 140	14	フランツ・シュミットの家	417
HAMBURGER STR. 20	5	ウイーンの流行歌の作曲家の終焉の家	286
HANUSCHGASSE 3	1	歌劇場専属チケット売り場	7
HASENAUER STR. 29	18	カールマンのアパート	456
HAYDNGASSE 19(G)	6	ハイドンの終焉の家（ハイドン博物館）	409
HEILIGENSTADTER PARK	19	有名なベートーベン像	478
HERRENGASSE 5	1	6歳のモーツアルトが演奏した会場	104
HERRENGASSE 8	1	リヒテンシュタイン侯の宮殿	105
HERRENGASSE 13	1	19世紀初頭までの演奏会場	107
HERRENGASSE 14	1	文人カフェ	108
HERRENGASSE端	1	旧国立銀行が入っていた宮殿	110
HESS GASSE 7	1	ブルックナー後期の交響曲を作曲した家	183
HETZENDORFER STR. 75A	12	避暑で滞在したスポンサーの家	434
HETZENDORFER STR. 90角	12	16歳のヴォルフの下宿先	433
HEUMUEHLGASSE	4	ブラームスが度々リサイタルを開いたところ	267
HIETZINGER HAUPT STR. 6	13	ベルクがここから作曲家デビュー	418
HIETZINGER HAUPT STR. 10-14	13	シュトラウス2世がデビューしたカジノだった	420
HIETZINGER HAUPT STR. 113	13	シューンベルクが無調に挑戦していた時期の住居	422
HIMMEL STR.	19	マーラーの葬儀が行われた教会	502
HIMMEL STR. 4	19	アイスラーが出世した時期の住居	486
HIMMEL STR. 7	19	オペレッタ作曲家ベナッキーの家	491
HIMMEL STR. 25	19	シューベルトが好んだホイリゲ	487
HIMMEL STR. 29	19	シューベルトが通ったホイリゲ	492
HIMMEL STR. 41-43	19	カール・ベームの晩年の住居	489
HIMMEL STR. 69	19	シュトルツの別荘	488
HIMMELPFORT GASSE 6	1	ウイーン最古のカフェ	30
HIMMELPFORT GASSE 11	1	アロイジアの夫の家	32

住所	区	概要	番号
HIMMELPFORT GASSE 17	1	バラの騎士台本作家h-フマンスタールの住居	31
HOFBURG [BURGKAPELLE]	1	宮廷専属礼拝堂	94
HOFMUEHL GASSE 15	6	世界的バレリーナーの住居	403
HOFZEILE 15	19	ベートーベンが英雄交響曲を着手した家跡	461
HOHE WARTE 32	19	音楽の指導に通った盲人学校があった	473
HOHENBERG STR. 58	12	5000人収容の大ダンスホールがあった	439
HOHER MARKT 1	1	モーツアルトが借金した友人宅	132
HOHER MARKT 10-11	1	ハイドンの人形も登場する時計	149
JACQUIN GASSE 8-10	3	リヒャルト・シュトラウスの晩年の家	303
JENEWEIN GASSE 17	21	支援者エルデティ伯爵の宮殿	507
JODOK-FINK-PLATZ	8	ブルックナーがオルガンの試験を受けた教会	217
JOHANNES GASSE 1	1	ベートーベン54歳の時の住居	22
JOHANNES GASSE 18	1	ベートーベンが訪ねたハイドンの家	23
JOHANN-STRAUSS-GASSE 4	4	シュトラウス2世終焉の家	281
JOSEF GALLGASSE 6	2	ゴールドマルク晩年の家	338
JOSEFSPLATZ	1	ハプスブルグ家の冠婚葬祭の中心	99
JOSEFSPLATZ	1	宮殿内の舞踏会場	100
JOSEFSPLATZ 1	1	世界一美しい図書館と言われている	101
JOSEFSPLATZ 5	1	ベートーベンの後援者パラヴィッティーニ邸	103
JOSEFSPLATZ 6	1	フィガロの結婚の試演が行われた宮殿	102
JOSEFSTAEDTER STR. 24-26	8	ベートーベンの献堂式で開場した劇場	221
JOSEFSTAEDTER STR. 39	8	ベートーベン49歳の時の住居	222
JOSEFSTAEDTER STR. 57	8	ベートーベンのスランプ時期の家	223
JOSEFSTAEDTER STR. 74	8	12音技法を発展させたハウアーの終焉の住居	225
JUCH GASSE 25	3	近代ウイーン楽派3人組がお世話になった病院	353
JUDEN PLATZ 3	1	モーツアルトの長男が誕生した時の住居	125
JUDEN PLATZ 4	1	モーツアルトが困窮した時期の住居	126
KAASGRABEN GASSE 24	19	ツェムリンスキーがアメリカへ逃亡するまでの家	504
KAASGRABEN GASSE 32	19	シェーンベルクの伝記作家の家	505
KAERNTNER RING 1	1	プチーニが泊まった高級ホテル	310
KAERNTNER RING 4	1	カラヤンセンター	314
KAERNTNER RING 9	1	カールマンのオペレッタにも登場する高級ホテル	315
KAERNTNER RING 12	1	ツェラーの住居(ウィーンフィルセンター)	317
KAERNTNER RING 16	1	ワーグナーやマーラーも宿泊した名門ホテル	316
KAERNTNER STR. 13-15	1	1847年創業の皇帝ご用達カフェ	313
KAERNTNER STR. 17	1	ベートーベンが宿泊した宿	12
KAERNTNER STR. 21-23	1	双頭の鷲の紋章入り看板が有名なカフェ	312
KAERNTNER STR. 24	1	ベートーベンが宿泊した高級ホテル	11
KAERNTNER STR. 38	1	ヴィバルディ住居	10
KAERNTNER STR. 41	1	エステルハージー候宮殿跡地	311
KAHLENBERGER STR. 7-9	19	シュランメル兄弟がよく演奏していた家	493
KAHLENBERGER STR. 26	19	ベートーベンの聴覚が極度の落ちた時期の住居	494
KAISER STR. 102-104(G)	7	ヨーゼフ・シュトラウスを記念とした公園	231
KALVARIEN BERG	17	シューベルトが生前最後の音楽を聴いた教会	212
KALVARIENBERG GASSE 36	17	シュランメル兄弟の終焉の地	213
KARLS GASSE 4	4	ブラームスがウイーンで一番長く住んだ建物	294
KARLSPLATZ	4	ブルックナーの葬儀が行われた教会	289
KARLSPLATZ	4	地下通路の路面に音楽家の銘板が多数ある	290

住所	区	概要	番号
LEOPOLDSGASSE 9	2	ウイーンから追い出される直前の住まい	398
LERCHENFELDER STR	7	シューベルトがコーラス指導した教会	237
LERCHENFELDER STR. 15(G)	7	ヨハン・シュトラウス2世生誕の地	234
LERCHENFELDER STR. 65	7	モーツアルトの長男を預けた家	236
LICHTENFELSGASSE 7	1	戦後活躍したチェンバロ奏者の家	171
LIECHTENSTEIN STR角	9	シューベルト没後100年記念噴水	248
LIECHTENSTEINSTR. 68-70	9	ツェムリンスキーも同居していたシューンベルクの家	445
LINKE BAHNGASSE 1	3	ブラームスが失恋した時期を過ごした家	341
LINKE WIENZEILE 6(G)	6	ベートーベンも住んだアン・デア・ウイーン劇場	258
LISZT STR. 1	3	カラヤンが卒業時指揮した大学の劇場	327
LOBKOWITZ PLATZ 2	1	ベートーベンの大スポンサーのロブコヴィッツ宮殿	97
LOEWEL STRASSE 6	1	ベートーベンの名声確立時期の住居	178
LOEWENGASSE 53a	3	ウエーベルン生誕の地	337
LOTHRINGER STR.	1	シューベルトが基礎教育を学んだ学校	324
LOTHRINGER STR. 18	3	多くの芸術家を輩出した音楽演劇大学	325
LOTHRINGER STR. 20	3	ムジークフェラインとの2大コンサートホール	326
MAHLERSTR. 3	1	オペラ歌手ご用達レストラン	2
MANNAGETTA GASSE	19	マーラーの葬儀が行われた教会	502
MARGARETEN STR. 7-9	4	マーラーがウイーン音楽大学時代の下宿先	279
MARIA EIS GASSE	3	ツィラー終焉の家	344
MARIA THERESIEN STR.角	1	ブルックナー後期の交響曲を作曲した家	183
MARIAHILFER STR. 55	6	ウイーン市内の唯一の立像	401
MARIAHILFER STR. 65	6	ヨーゼフ・シュトラウス生家	402
MARIAHILFER STR. 189-191	12	シュトラウス兄弟がよく出演したホール	435
MARIANNENGASSE 20	9	マーラー終焉の地	208
MARIA-THERESIEN-PLATZ	1	音楽家が彫られている台座に注目	95
MARKT GASSE 35(31から37に飛んでいる)	9	シューベルトの胸像	446
MARKT GASSE 40	9	シューベルトが洗礼を受けた教会	447
MAROKKANER GASSE 3	3	シュトラウス1世の住居。	329
MAROKKANER GASSE 12	3	シュトラウス1世楽団が出演した居酒屋跡	328
MARXER GASSE 17	3	シュトラウスの多くの名曲が演奏されたホール跡	336
MARXER GASSE 25	3	オーストリアで有名なポピュラーの作曲家の家	335
MAXING STR. 15	13	ベルクのお墓	431
MAXING STR. 18	13	こうもり作曲の家	425
MAXING STR. 46	13	ベルクの妻の実家	430
MAXING STR/AM PLATZ	13	ベルクが2番目の妻との結婚式を挙げた教会	419
MAYER GASSE 14	2	ヴォルフの下宿先	391
MECHITARISTEN GASSE 5(G)	7	ランナーの生家	243
MESSEPLATZ	7	エゴン・シーレの絵画が充実	244
METASTASIO GASSE 4	1	ベートーベンの名声確立時期の住居	178
MICHAELERPLATZ	1	モーツアルト追悼ミサが行われたミヒャエル教会	92
MICHAELERPLATZ 2	1	文学者が集ったカフェ	91
MICHAELERPLATZ 4-5	19	シューベルトの木	479
MICHAELERPLATZ 5	1	未亡人コンスタンツェの住居	90
MICHAELERPLATZ(旧王宮のミヒャエル翼部分)	1	初期ブルグ劇場があった場所	93
MILCH GASSE 1	1	コンスタンツェの実家	80
MINORITEN PLATZ	1	シューベルトがよくここでのミサに参列	177
MOELKER BASTEI 8 PASQUALATI HAUSE	1	ベートーベン全盛期の家で名曲が多く作られた	181

住所	区	概要	番号
PIARISTENGASSE 32	8	ヴォルフが梅毒と戦っていた時期の家	226
PILLERSDORF GASSE 3	2	ツェムリンスキーの家	393
PORZELLAN GASSE 53	9	シェーンベルクの新婚時代の住居	247
POST GASSE 6	1	ブラームスの国内演奏旅行が多かった時期の住居	160
PRATER	2	映画「第3の男」の観覧車で有名な公園	373
PRATER STR. 31	2	ウインナワルツ全盛の中心だった劇場跡	374
PRATER STR. 43	2	シュトウス2世の新婚時代の住居	376
PRATER STR. 54	2	美しき青きドナウを作曲した家	371
PRATER STR. 72	2	映画音楽作曲家マックス・スタイナーの生家	375
PRINZ EUGEN STR. 27	3	皇帝がブルックナーに与えた住居	301
PROBUS GASSE 6	19	ハイリゲンシュタット遺書の家	481
PYRKER GASSE 13	19	ベートーベンが湯治療で滞在	462
PYRKER GASSE 23	19	マーラーの妹と結婚したウイーンフィルのコンマスの家	463
RASUMOFSKY GASSE 23	3	ラズモフスキー宮殿	343
RATHAUSPLATZ 1	1	伝統ウイーン料理レストラン	169
RATHAUSPLATZ 8	1	市庁舎に近いカフェの名店	170
RAUHENSTEIN GASSE 8(G)	1	モーツアルト終焉の地	36
RECHTE BAHNGASSE 30-32	3	シェーンベルクの妻が死んだ家	361
REICHSRATS STR. 9	1	シュトラウスの末っ子エドワルドの住居	173
REISNERSTR. 25	3	マーラー18歳の時の家	331
RENN GASSE 1(G)	1	シューベルトが作曲家としてデビューしたホテル	113
RENN GASSE 3	1	スヴェーデン男爵邸	114
RENNWEG 5	3	カール・ベーム57歳絶頂期の住居	360
RENNWEG 5	3	マーラーのウイーンでの活動拠点となった住居	363
RENNWEG 91(WAISENHAUSKIRCHE)	3	孤児院ミサを12歳のモーツアルト自ら指揮し初演した教会	359
RESSELPARK	4	ブラームス生誕75年記念像	288
RIENOESSL GASSE 9の対面	4	オペラ作曲に専念した家	308
ROETZERGASSE 13	17	シュランメル兄弟の終焉の地	213
ROOSEVELTPLATZ 15	1	音楽家ご用達ホテルの一つ	186
ROTENTURM STR. 12	1	ブラームスが常連のレストラン	152
ROTENTURM STR. 18	1	カラヤンの師のシャルクの生家	153
RUCKERGASSE12	12	ウエーベルンの住居	436
SAARPLATZ 5	19	クリップスの生家	474
SAEULEN GASSE 3	9	魔王作曲の家	444
SALESIANER GASSE 12	3	劇作家ホフマンスタールの家	362
SALZGRIES 18	1	天然痘大流行時モーツアルト一家が泊まった家	133
SALZGRIES 21	1	6歳のモーツアルトが演奏した友人宅	127
SCHIKANEDER GASSE 7	4	ワーグナーが常連だったレストラン	268
SCHLOSSELGASSE	8	シュバイツアーの住居	215
SCHLOSSELGASSE 7	8	シカネーダーの終焉の家	216
SCHOENBRUNNER ALLEE 53	12	16歳のヴォルフの下宿先	433
SCHOENBRUNNER STR. 52(50)	5	シューベルトの葬儀が行われた教会	285
SCHOENLATERN GASSE 7A(G)	1	シューマンの住居	21
SCHONBRUNNER SCHLOSS STR.	13	ハプスブルグ家の代表的遺産	411
SCHOTTENRING 3	1	ブルックナーも宿泊した名門ホテル	184
SCHOTTENRING 5	1	ブルックナー後期の交響曲を作曲した家	183
SCHOTTENRING 7-9	1	リング沿いにあった大劇場の跡	185
SCHREYVOGEL GASSE 1	1	シューベルト最後のシューベルティアーゼアーゼ開催	179

住所	区	概要	番号
SCHREYVOGEL GASSE 10	1	シューベルティアーゼをリードした3姉妹の家	180
SCHUBERTRING 11	1	音楽家の定宿の一つ	321
SCHULTER GASSE2	1	モーツアルトの浪費が激しくなるころの住居	137
SCHWARZENBERG PLATZ 6	3	ウイーン現代音楽の研究センター	291
SCHWARZENBERG PLATZ 9	1	庭園が有名なホテル	306
SCHWARZSPANIER STR. 15	9	ベートーベンの終焉の家	200
SCHWEIGHOFERGASSE 8	7	ベルクの少年時代の家	235
SCHWINDGASSE 3(G)	4	ヴォルフが精神病になった時期の家	297
SEILER GASSE 9	1	ショッテン教会楽長フックスの住居	53
SEILER STAETTE 9	1	19世紀後半からの劇場	58
SEILER STAETTE 15	1	ベートーベンが月光ソナタを作曲した家	54
SEILER STAETTE 18-20	1	ウエーバーが滞在した宿	55
SEILER STAETTE 21	1	若きベートーベンを指導していた時のハイドンの住居	56
SEILER STAETTE 30	1	2000年から音楽博物館になる	57
SERVITEN GASSE 9	9	ハイドンが時々通った教会	194
SERVITEN GASSE 16	9	シュトラウス1世楽団が定期的に出演した居酒屋	195
SIEBENBRUNNEN GASSE 15	5	ヴォルフの下宿先	437
SIEBENSSTERNGASSE 19	7	シュトラウス2世が通ったカフェ	228
SIEVERINGER STR	19	シューベルト記念菩提樹が有名	497
SIEVERINGER STR. 173	19	アントン・カラスの家	499
SILBER GASSE	19	マーラーが痔で通院したブラームスの友人の医者の家	466
SILBER GASSE 4	19	ベートーベンのチェロソナタ作曲の家	464
SILBER GASSE 9	19	51歳のベートーベンが湯治療で滞在	468
SIMMERRINGER HAUPTSTR. 16(G)	11	出演回数が多かったカジノ跡	358
SINGER GASSE 28	1	シューベルトが常連のカフェ	42
SINGER STR. 3	1	ワーグナーのピアノがあるホテル	48
SINGER STR. 7	1	モーツアルトがコロレード司教と喧嘩したところ	41
SINGER STR. 9	1	シューベルトが常連だった居酒屋	47
SINGER STR. 18	1	シューベルティアーゼが定期的に開催された家	46
SINGER STR. 21-25	1	ヨハン・シュトラウス2世の結婚式前後の住居	49
SINGER STR. 22	1	ベートーベンの師でもあったアルブレヒツベルガー終焉の家	51
SINGER STR. 28	1	シューベルトが通ったパブ	50
SINGER STR. 30	1	ワーグナー支援者の家	52
SPIEGEL GASSE 9	1	シューベルト未完成作曲の家	64
SPIEGEL GASSE 11	1	サリエリの住居	65
SPITAL GASSE 1b	9	ウイーン市内での最大総合病院	201
SPRINGER GASSE 6	2	ツェムリンスキーの家	397
ST.-BARTHOLOMAEUS-PLATZ	17	シューベルトが生前最後の音楽を聴いた教会	212
STADTPARK	1	シュトラウス立像のある市立公園	332
STEINFELD GASSE 2	19	アルマの実家	475
STEINFELD GASSE 6	19	マーラー仲間が集まった家	476
STEPHANS PLATZ	1	ウイーンのシンボル　シュテファン教会	61
STERNWARTESTR. 35	18	コルンゴルドの名声が出始めたころの家	449
STRAUCHGASSE	1	旧国立銀行が入っていた宮殿	110
STUBENBASTEI 14(10or12)	1	シューベルトが"死と乙女"を作曲した家	59
TABOR STR. 11-11B	2	ヨーゼフ・シュトラウス終焉の家	380
TABOR STR. 16-18	2	ハイドンがコーラス指導のアルバイトをしていた教会	382
TABOR STR. 17	2	シュトラウス1世が不倫の最中に一家が住んだ家	381

住所	区	概要	番号
TABOR STR. 32	2	シューンベルクの父親の家	384
TABOR STR. 48	2	シェーンベルクが初恋を経験した家	383
TECHNIKER STR. 9	4	28歳のシューベルトの下宿先	298
TEGETTHOFF STR. 2	1	ハプスブルグ一族が眠るカプティーナ教会	24
TEINFALT STR. 8	1	シューベルト最後のシューベルティアーゼアーゼ開催	179
TELEKYGASSE端	19	ヴォルフの記念碑	469
THALIA STRASSE 1	16	ワーグナーのウイーンでのオペラデビューした劇場跡	232
THELEMAN GASSE 8	17	アイスラー生誕地	211
THEOBALD GASSE 7	6	映画音楽の基礎を作ったコルンゴルドの住居	264
THEOBALD GASSE 16	6	銀の時代の真っただ中で過ごした家	261
TIEFER GRABEN 2	1	ベートーベン30歳の時の住居	115
TIEFER GRABEN 8-10	1	ベートーベン第1交響曲を作曲した家	116
TIEFER GRABEN 16	1	モーツアルトが初ウイーンで滞在した家	119
TIEFER GRABEN 18	1	モーツアルト親子の3度目のウイーン滞在時に宿泊した家	120
TIEFER GRABEN 19	1	モーツアルト一家がお世話になった医者の家	118
TIGER GASSE 4	8	シューベルトの兄が勤めていた学校	224
TRAUN GASSE 6	3	20世紀初頭120曲の歌曲を作曲したマルクスの家	322
TRAUTMANSDORFF GASSE 27	13	ベルク終焉の家	427
TRAUTSOHN G 2	8	ミサソレムニスの一部を作曲した家	253
TUCHLAUBEN 6	1	コンスタンツェの実家	80
TUCHLAUBEN 8	1	ベルク生誕の家	134
TUCHLAUBEN 12	1	シューベルト時代の楽友協会本部	136
TUCHLAUBEN 14(16-18)	1	シューベルトが冬の旅を作曲した家	135
TUCHLAUBEN 20	1	シューベルトの親友シューバーの家	129
TUCHLAUBEN 27	1	モーツアルトの浪費が激しくなるころの住居	137
TUERKENSHANZPARK	18	カールマンの胸像	455
TUERKENSTR. 17	9	当時の現代音楽演奏会の中心	189
ULRICHS PLATZ	7	ランナー、シュトラウス2世が洗礼を受けた教会	239
UNGAR GASSE 2	3	合唱曲を多く作曲した家	340
UNGER GASSE 5	3	ベートーベン第9完成の家	342
UNTERE AUGARTEN STR. 27	2	オスカー・シュトラウスが住んでいたアパート跡	399
UNTERE DONAUSTR 5	2	フリーメイソンのカジノ跡	389
UNTERE DONAUSTR 27	2	オスカー・シュトラウスの生家跡	390
VEREINSGASSE 21-23	2	ツェムリンスキーがシェーンベルクと通った学校	395
VEREINSGASSE 26	2	ツェムリンスキーの学生時代の家	396
VORDERE ZOLLAMTSSTR. 11	3	ベルクが新婚時代を送った家	333
VORDERE ZOLLAMTSSTR. 13	3	アイスラーのオペレッタの多くが上演	334
VOTIVKIRCHE	9	ヴォルフの葬儀が行われた教会	188
WAAGGASSE 5	4	アイスラーの学生時代の家	282
WAEHRINGER STR. 26(G)	9	モーツアルト晩年の3大交響曲作曲の家	191
WAEHRINGER STR. 41(G)	9	ブルックナー前期の交響曲を作曲した住居	192
WAEHRINGER STR. 78	9	オペレッタの殿堂	193
WAEHRINGER STR. 123	18	ベートーベンとシューベルトが初めに入った墓地	452
WALFISCH GASSE	1	ヴィバルディ最期の家	14
WALFISCH GASSE 11	1	フランスとの戦時下でのベートーベンの住居	8
WALLGASSE 18-20	6	1893年開館のオペレッタ劇場	407
WALLNERSTR 4	1	エステルハージ侯の宮殿	85
WALLNERSTR 8	1	ベートーベンがエロイカ作曲のきっかけとなった宮殿	86

[ウィーン近郊]

住所索引

関係者別索引

重要度索引

住所	概要	番号
BADEN	ベートーベン博物館	514
BADEN	ベートーベンが献堂式を作曲した宿	516
BADEN	ベートーベン37歳の時に宿泊	517
BADEN	ベートーベンの中期弦楽四重奏曲作曲の家跡	519
BADEN	ベートーベン聖堂	522
BADEN	ベートーベンが宿泊したホテル	525
BADEN	ベートーベンが弟カールと一緒に避暑で滞在	527
BADEN	ベートーベンが避暑で住んだ家	530
BADEN	ミロッカー終焉の家	528
BADEN	モーツアルト聖堂	521
BADEN	モーツアルトがアヴェ・ヴェルム・コルクスを作曲した家	524
BADEN	ランナーとシュトラウス1世の記念碑	520
EISENSTADT	エステルハージ-宮殿	533
EISENSTADT	ハイドン記念館	535
EISENSTADT	ハイドンが眠るベルグ教会	536
EISENSTADT	ハイドンの作曲小屋	537
EISENSTADT	リスト記念像	534
HEILIGENKREUZ	ハイリゲンクロイツ僧院	513
KLOSTERNEUBURG	アルブレヒツベルガーの住居	539
KLOSTERNEUBURG	トラップ大佐の宮殿	538
KLOSTERNEUBURG	ブルックナーが弾いたオルガンで有名な教会	540
KREMS	クレネック博物館	551
KREMS	ケッヘルの生家	553
KREMS	シューベルトがリサイタル開催	549
KREMS	ミノリテン教会	550
KREMS	リストの母親の実家	552
KREMS	リストの母方親族の家	554
KREMS-GNEIXENDORF	ベートーベン最後の弦楽四重奏曲作曲の家	546
KREMS-GNEIXENDORF	ベートーベンがカールを連れて行った弟の家	548
KREMS-GNEIXENDORF	ベートーベン記念碑	547
MAYERLING	うたかたの恋の舞台	508
MÖDLING	ウエーベルンが静けさを求めて移って来た住居	511
MÖDLING	シェーンベルク記念館	512
MÖDLING	ベートーベンのハンマークラヴィア作曲の家	509
MÖDLING	ベートーベンがミサ・ソレムニスに本格的に着手した家	510
MÖRBISCH	湖上オペレッタが有名な屋外劇場	543
MÜRZZUSCHLAG	ブラームスの像	555
MÜRZZUSCHLAG	ブラームスが交響曲第4番を作曲した家	556
MÜRZZUSCHLAG	ブラームスの散歩道	557
PRESSBAUM	ブラームスのピアノ協奏曲2番作曲の家	541
PURKERSDORF	モーツアルトが父を見送った場所	542
ROHRAU	ハイドンの生家	531
ROHRAU	ハイドン記念像	532
RUST	コウノトリで有名な場所	544
ST.PÖLTEN	シューベルト宿泊したホテル	558
ST.PÖLTEN	シューベルトの親友の親戚の家	559
ST.PÖLTEN	シューベルトの名前の書店	560
ST.PÖLTEN	シューベルトの名前のカフェ	561

関係者別索引

関係者	概要	番号
BEETHOVEN	埋葬された中央墓地	356
BEETHOVEN	ベートーベン54歳の夏を過ごした家	414
BEETHOVEN	ベートーベン29歳の時の大成功した演奏会場	438
BEETHOVEN	ベートーベンとシューベルトが初めに入った墓地	452
BEETHOVEN	ショパンの面倒もみたベートーベンのパトロンの家	460
BEETHOVEN	有名なベートーベン像	478
BEETHOVEN	ハイリゲンシュタットの教会	479
BEETHOVEN	ベートーベンが好んで散歩した森の中の胸像	482
BEETHOVEN	ベートーベンが熱情ソナタのイメージが沸いたエリア	483
BEETHOVEN	ベートーベン聖堂	522
BEETHOVEN	ベートーベンが避暑で住んだ家	530
BEETHOVEN	ベートーベン記念碑	547
BEETHOVEN	カールを連れて行った弟の家	548
BEETHOVEN-01	ベートーベンのウイーンでの初めての住居	210
BEETHOVEN-02	ベートーベンの名声確立時期の住居	178
BEETHOVEN-03	ベートーベン29歳の時の住居	77
BEETHOVEN-04	ベートーベン第1交響曲を作曲した家	116
BEETHOVEN-05	ベートーベン30歳の時の住居	115
BEETHOVEN-06	ハイリゲンシュタット遺書の家	481
BEETHOVEN-07	ベートーベンも住んだアン・デア・ウイーン劇場	258
BEETHOVEN-08	ベートーベンが英雄交響曲を着手した家跡	461
BEETHOVEN-09	ベートーベンがフィデリオの構想を描いた家	199
BEETHOVEN-10	エロイカ作曲の家と言われたが、新説出現した	471
BEETHOVEN-11,12,14,19,21,23	ベートーベン全盛期の家で名曲が多く作られた	181
BEETHOVEN-13	ベートーベン37歳の時に宿泊	517
BEETHOVEN-15	田園交響曲のスケッチが進んだ家	485
BEETHOVEN-16	コンスタンツェやベートベンも住んだ	13
BEETHOVEN-17,20,22	旧ホテル　ザウアーホーフ	526
BEETHOVEN-18	フランスとの戦時下でのベートーベンの住居	8
BEETHOVEN-24,25	フィデリオ仕上げの家	182
BEETHOVEN-26	支援者エルデティ伯爵の宮殿	507
BEETHOVEN-27	ベートーベンのチェロソナタ作曲の家	464
BEETHOVEN-28,30	若きベートーベンを指導していた時のハイドンの住居	56
BEETHOVEN-29	弟カールと一緒に避暑で滞在	527
BEETHOVEN-31	ベートーベンがハンマークラヴィアソナタに着手した家	346
BEETHOVEN-32	ベートーベンが療養で2ヶ月滞在した	480
BEETHOVEN-33	ベートーベンの聴覚が極度の落ちた時期の住居	494
BEETHOVEN-34,36	ベートーベンの住居	339
BEETHOVEN-35,37	ハンマークラヴィア作曲の家	509
BEETHOVEN-38	ミサソレムニスの一部を作曲した家	253
BEETHOVEN-39	ミサ・ソレムニスに本格的に着手した家	510
BEETHOVEN-40,43	ベートーベンが短期的に何回も住んだ	348
BEETHOVEN-41	51歳のベートーベンが湯治療で滞在	468
BEETHOVEN-42,47,51	ベートーベン博物館	514
BEETHOVEN-44	ベートーベンのスランプ時期の家	223
BEETHOVEN-45	ベートーベンが湯治療で滞在	462
BEETHOVEN-46	献堂式を作曲した宿	516
BEETHOVEN-48	ベートーベンが宿泊したホテル	525

関係者	概要	番号
BRAHMS	ブラームスの像	555
BRAHMS	ブラームスが交響曲第4番を作曲した家	556
BRAHMS	ブラームスの散歩道	557
BRAHMS-1	ブラームスがウイーンでの初めての住まい	387
BRAHMS-2	ブラームスのウイーンでの2番目の住居	388
BRAHMS-3	ブラームスの3番目の住居	386
BRAHMS-4	30歳のブラームスが多忙だった時期の家	385
BRAHMS-5	ブラームスの国内演奏旅行が多かった時期の住居	160
BRAHMS-6	ブラームスが失恋した時期を過ごした家	341
BRAHMS-7	合唱曲を多く作曲した家	340
BRAHMS-8	ブラームスがウイーンで一番長く住んだ建物	294
BRUCKNER	ブルックナーの先生だったゼヒターの住居	16
BRUCKNER	教鞭をとった音楽師範学校だった	17
BRUCKNER	ブルックナーの師だったゼヒターの家	57
BRUCKNER	オルガニストとして奉職した宮廷専属礼拝堂	94
BRUCKNER	ドイツミサの初演が行われたアウグスティーナ教会	99
BRUCKNER	リストに面会した教会	112
BRUCKNER	ここの指揮者になりたかったがかなわなかった教会	122
BRUCKNER	ブルックナーも教壇に立ったウイーン大学	167
BRUCKNER	ブルックナー後期の交響曲を作曲した家	183
BRUCKNER	ブルックナーも宿泊した名門ホテル	184
BRUCKNER	ブルックナー前期の交響曲を作曲した住居	192
BRUCKNER	ブルックナーがオルガンの試験を受けた教会	217
BRUCKNER	ブルックナーの葬儀が行われた教会	289
BRUCKNER	皇帝がブルックナーに与えた住居	301
BRUCKNER	胸像のある市立公園	332
BRUCKNER	シューベルト、ブルックナーらの師だったゼヒターの住居	365
BRUCKNER	オルガンを弾いたハイリゲンクロイツ僧院	512
BRUCKNER	ブルックナーが弾いたオルガンがある教会	540
BUSONI	19世紀後半の高級サロン	472
CANRADIN KREUTZER	ケルントナートール劇場で活躍したドイツの音楽家の家	68
CARUSO	プチーニも泊まった高級ホテル	310
CHOPIN	ウイーン時代の住まい	83
CHOPIN	モーツァルト、ショパン、リストらも宿泊したホテル	159
CHOPIN	ショパンの面倒もみたベートーベンのパトロンの家	460
CLEMENS KRAUSS	クレメンス・クラウス生誕の地	284
CZERNY	ツェルニーの住居	76
DITTERSDORF	デュッタースドルフとヘルベックの生家	157
DONIZETTI	ドニゼッティ2年間のウイーンでの住居	146
DOPPLER	常連だったレストラン	268
DVORZAK	ドヴォルザークが宿泊したホテル	276
EGON WELESZ	シェーンベルクの伝記作家の家	505
EINEM	アイネムのオペラで開場した劇場	58
EISLER	アイスラー生誕地	211
EISLER	アイスラーの胸像	219
EISLER	アイスラー終焉の住居	230
EISLER	アイスラーの学生時代の家	282
EISLER	アイスラーのオペレッタの多くが上演	334

関係者	概要	番号
EISLER	アイスラーが出世した時期の住居	486
ENESCO	エネスコの学生時代の家	304
ERICH KLEIBER	エーリッヒ・クライバー生誕地	266
ERNST ARNOLD	ウイーンの流行歌の作曲家の終焉の家	286
FANNY ELSSLER	世界的バレリーナーの住居	403
FELLNER	シューベルトが通ったホイリゲ	492
FLOTOW	フロトーの住居	498
FRANZ JOSEPH	モーツアルト像の裏にある立像	96
FRANZ WERFEL	埋葬された中央墓地	356
FUX	ショッテン教会楽長時代のフックスの住居	53
FUX	生楽長をしていたシュテファン教会	61
FUX	ここの修道院に住んでいた	112
FUX	フックスの住居	157
GLUCK	初期ブルグ劇場があった場所	93
GLUCK	音楽家が彫られている台座に注目	95
GLUCK	洗礼も受け、結婚式も挙げた教会	239
GLUCK	グルックの終焉の家	269
GLUCK	葬儀が行われた教会	289
GLUCK	グルックの立像	293
GLUCK	埋葬された中央墓地	356
GLUCK	グルックの作品がよく上演されたシェーンブルン宮殿	411
GOLDMARK	ワグネリアン協会を発足させたゴールドマルクの家	204
GOLDMARK	シベリウスの師でもあったゴールドマルク邸	229
GOLDMARK	ゴールドマルク晩年の家	338
GOUNOD	胸像があるウイーン歌劇場	1
GRIEG	グリークもお世話になった宝石商の家	27
GRIEG	多くに音楽家が泊まったホテル	37
GRILLPARZER	芸術家の溜まり場的レストランだった	33
HANSLICK	胸像があるウイーン大学	167
HAYDN	ベートーベンが訪ねたハイドンの家	23
HAYDN	ハイドンの大作が初演された宮殿	26
HAYDN	ハイドンが天地創造作曲の家	28
HAYDN	ハイドンの初恋の女性の家	43
HAYDN	1755年からの住居	54
HAYDN	若きベートーベンを指導していた時のハイドンの住居	56
HAYDN	弟が少年合唱団で歌っていたシュテファン教会	61
HAYDN	エステルハージ侯の宮殿	85
HAYDN	学生ハイドンの下宿先	89
HAYDN	天地創造が初演された初期ブルグ劇場があった場所	93
HAYDN	音楽家が彫られている台座に注目	95
HAYDN	ハイドンの故郷ローラウの貴族のウイーン内宮殿	111
HAYDN	死後ミサが2週間にわたって演奏された教会	112
HAYDN	スヴェーデン男爵邸	114
HAYDN	ハイドンの頭蓋骨を隠した役人の家	117
HAYDN	ハイドンが働いた教会	148
HAYDN	ハイドンの人形も登場する時計	149
HAYDN	天地創造が演奏されたコンヴィクト	151
HAYDN	ハイドンが時々通った教会	194

関係者	概要	番号
HAYDN	ハイドンが歌劇を作曲した家	262
HAYDN	ハイドンがコーラス指導のアルバイトをしていた教会	382
HAYDN	ウイーン市内の唯一の立像	401
HAYDN	ハイドンの終焉の家（ハイドン博物館）	409
HAYDN	ハイドンの葬儀が行われた教会	410
HAYDN	ハイドンの作品も上演されたシェーンブルン宮殿	411
HAYDN	ハイドンの最初の墓	440
HAYDN	ハイドンの生家	531
HAYDN	ハイドン記念像	532
HAYDN	エステルハージ-宮殿	533
HAYDN	ハイドン記念館	535
HAYDN	ハイドンが眠るベルグ教会	536
HAYDN	ハイドンの作曲小屋	537
HAYDN	支援者エルデティ伯爵の宮殿	538
HELMESBERGER	ヘルメスベルガー終焉の家	62
HERBECK	モーツアルトやヴォルフも住んだヘルベックの住居	75
HERBECK	デュッタースドルフとヘルベックの生家	157
HERBECK	埋葬された中央墓地	356
HERMANN LEOPOLDI	オーストリアで有名なポピュラーの作曲家の家	335
HINDEMITHS	ヒンデミットが最後の演奏会を開いた教会	217
HOFMANNSTHAL	バラの騎士台本作家ホ-フマンスタールの住居	31
HOFMANNSTHAL	劇作家ホーフマンスタールの家	362
IOSIK KOTEK	チャイコフスキーの弟子でホモ関係だったコテックの家	240
JOHANN GEORG ZECHNER	クレムスでオルガニストとして活躍したミノリテン教会	550
JOSEF MATTHIAS HAUER	12音技法を発展させたハウアーの終焉の住居	225
JUREK	オーストリアの行進曲作曲家の家	406
KALAYAN	カラヤンの定宿	161
KALAYAN	カラヤンセンター	314
KALAYAN	カラヤンが卒業時指揮した大学の劇場	327
KALMAN	カールマンのアパート	206
KALMAN	レハールも常連だったカフェ	257
KALMAN	カールマンがチャールダッシュの女王を作曲した家	305
KALMAN	カールマンのオペレッタにも登場する高級ホテル	315
KALMAN	カールマンの胸像	455
KALMAN	カールマンのアパート	456
KOCHEL	ケッヘルの生家	553
KORNGOLD	映画音楽の基礎を作ったコルンゴルドの住居	264
KORNGOLD	コルンゴルドの名声が出始めたころの家	449
KREISLER	クライスラーの生家	378
KRENEK	クレネックの住居	421
KRENEK	クレネックの生家	453
KRENEK	クレネックが通った学校跡	459
KRENEK	クレネック博物館	551
KRIPS	クリップスの生家	474
LANNER	ランナー楽団もよく出演したカフェ	78
LANNER	宮殿内の舞踏会場	100
LANNER	ウインナワルツを牽引した二人の像	172
LANNER	ワルツ戦争の舞台となったアポロ劇場跡	227

住所索引

関係者別索引

重要度索引

関係者	概要	番号
MAHLER	マーラー仲間が集まった家	476
MAHLER	マーラーが死亡したとして登記されている家	477
MAHLER	マーラーの葬儀が行われた教会	502
MAHLER	有名なマーラーの墓地	503
MARX	20世紀初頭120曲の歌曲を作曲したマルクスの家	322
MAUREEN FOERSTER	マーラーの歌曲を歌った名アルト歌手の家	426
METASTASIO	学生ハイドンが下宿したメタスタージオの住居	89
MILLOECKER	オペレッタの重鎮のミロッカーの生誕地	260
MILLOECKER	オペレッタ作曲家ミロッカー生家	495
MILLOECKER	ミロッカー終焉の家	528
MOZART	現在ブルク広場にあるモーツアルトの立像が建っていた場所	5
MOZART	モーツアルトの死後コンスタンツェやベートベンも住んだ	13
MOZART	度々演奏会を開いた集会所跡	25
MOZART	モーツアルトが最後の演奏会を開いたホールがあった建物	30
MOZART	アロイジアの夫の家	32
MOZART	モーツアルトがよく通った居酒屋	43
MOZART	モーツアルトの結婚式と葬儀が行われたシュテファン教会	61
MOZART	モーツアルトの息子が洗礼を受けた教会	79
MOZART	出版社アルタリアが入っている建物	83
MOZART	出版社アルタリアのあった場所	84
MOZART	未亡人コンスタンツェの住居	90
MOZART	モーツアルト追悼ミサが行われたミヒャエル教会	92
MOZART	フィガロの結婚が初演された初期ブルグ劇場があった場所	93
MOZART	音楽家が彫られている台座に注目	95
MOZART	ウイーン観光で有名なモーツアルト像	96
MOZART	度々演奏会が開かれた宮殿内の舞踏会場	100
MOZART	モーツアルト自身の演奏会が開かれたホールがある図書館	101
MOZART	フィガロの結婚の試演が行われた宮殿	102
MOZART	6歳のモーツアルトが演奏した会場	104
MOZART	大スポンサーだったキンスキー邸	109
MOZART	モーツアルトが招かれて演奏会を開いた貴族の宮殿	111
MOZART	スヴェーデン男爵邸	114
MOZART	モーツアルト一家がお世話になった医者の家	118
MOZART	モーツアルトが初ウイーンで滞在した家	119
MOZART	モーツアルトの天敵コロレードの父親の宮殿	121
MOZART	父レオポルトが指揮を披露した教会	122
MOZART	6歳のモーツアルトが演奏した友人宅	127
MOZART	モーツアルトが入会したフリーメイソン事務所	131
MOZART	モーツアルトが借金した友人宅	132
MOZART	天然痘大流行時モーツアルト一家が泊まった家	133
MOZART	17歳のモーツアルトがヴァイオリンを披露した家	144
MOZART	モーツアルトが天然痘避難から戻って来た時の宿	145
MOZART	モーツアルトの長男を預けた家	236
MOZART	モーツアルトが姉と招待されて演奏したアウエスペルク宮殿	249
MOZART	魔笛が初演されたアン・デア・ウイーン劇場	258
MOZART	魔笛の噴水	270
MOZART	魔笛が初演された劇場跡	271
MOZART	魔笛小屋があった場所	277

住所索引

重要度索引

関係者	概要	番号
SCHALK	カラヤンの師のシャルクの生家	153
SCHIKANEDER	シカネーダーの終焉の家	216
SCHIKANEDER	シカネーダーやレハールも住んだ住居	496
SCHMIDT	埋葬された中央墓地	356
SCHMIDT	フランツ・シュミットの家	417
SCHMIDT	シューベルト協会設立に貢献したシュミットの住居	424
SCHOENBERG	プロテスタントに改宗した教会	69
SCHOENBERG	シューンベルク住居	87
SCHOENBERG	シェーンベルクらが教鞭をとったところ	106
SCHOENBERG	シェーンベルクがアルバイトした銀行があった所	124
SCHOENBERG	当時の現代音楽の演奏会の中心	189
SCHOENBERG	シェーンベルクの家	203
SCHOENBERG	シェーンベルクの新婚時代の住居	247
SCHOENBERG	シェーンベルクの妻が入院した病院跡	254
SCHOENBERG	ウイーン近代音楽の研究センター	291
SCHOENBERG	近代ウイーン楽派3人組がお世話になった病院	353
SCHOENBERG	埋葬された中央墓地	356
SCHOENBERG	シェーンベルクの妻が死んだ家	361
SCHOENBERG	シェーンベルクが初恋を経験した家	383
SCHOENBERG	シューンベルクの父親の家	384
SCHOENBERG	ツェムリンスキーがシェーンベルクと通った学校	395
SCHOENBERG	シェーンベルクがウイーンから追い出される直前の住まい	398
SCHOENBERG	シェーンベルク生家	400
SCHOENBERG	シューンベルクが無調に挑戦していた時期の住居	422
SCHOENBERG	シューンベルク一家が平穏に暮らした住居	429
SCHOENBERG	ツェムリンスキーも同居していたシューンベルクの家	445
SCHOENBERG	シューンベルク記念館	511
SCHRAMMEL	シュランメルの記念碑	205
SCHRAMMEL	シュランメル兄弟の終焉の地	213
SCHRAMMEL	シュランメル兄弟の墓地	214
SCHRAMMEL	シュランメル兄弟がよく演奏していた家	493
SCHUBERT	シューベルトのフレスコ画があるウイーン歌劇場	1
SCHUBERT	シューベルトのオペラも初演されたケルントナートーア劇場跡	9
SCHUBERT	シューベルトの先生だったゼヒターの住居	16
SCHUBERT	シューベルトが教員資格をとった音楽師範学校	17
SCHUBERT	死と乙女を作曲した住居	21
SCHUBERT	シューベルトが通った居酒屋	35
SCHUBERT	シューベルトが常連のカフェ	42
SCHUBERT	シューベルトがウエーバーと会った居酒屋	43
SCHUBERT	シューベルティアーゼが定期的に開催された家	46
SCHUBERT	シューベルトが常連だった居酒屋	47
SCHUBERT	シューベルトが通ったパブ	50
SCHUBERT	シューベルト親友の家	60
SCHUBERT	シューベルティアーゼが開かれたカフェ	78
SCHUBERT	シューベルティアーゼが度々開催された宮殿	86
SCHUBERT	少年合唱団の一員として歌った宮廷専属礼拝堂	94
SCHUBERT	シューベルトの追悼ミサが行われた教会	99
SCHUBERT	未完成交響曲が度々演奏された宮殿内の舞踏会場	100

関係者	概要	番号
SCHUBERT	多くの歌曲が披露されたパラヴィッティーニ邸	103
SCHUBERT	19世紀初頭までの演奏会場	107
SCHUBERT	ここのキンスキー夫人が音楽的才能を披露した邸宅	109
SCHUBERT	交響曲第5番が初演された教会	112
SCHUBERT	シューベルトが作曲家としてデビューしたホテル	113
SCHUBERT	シューベルトがウエーバーと会った飲み屋	130
SCHUBERT	シューベルト時代の楽友協会本部	136
SCHUBERT	29歳のシューベルトが住む	141
SCHUBERT	シューベルトがショーバーと同居した家	143
SCHUBERT	シューベルトが寮生活を送ったコンヴィクト	151
SCHUBERT	シューベルトの友達が自殺した家	158
SCHUBERT	シューベルトがよくここでのミサに参列	177
SCHUBERT	シューベルト最後のシューベルティアーゼアーゼ開催	179
SCHUBERT	シューベルティアーゼをリードした3姉妹の家	180
SCHUBERT	シューベルトの看病をした兄夫婦の家	190
SCHUBERT	梅毒治療に通った総合病院	201
SCHUBERT	シューベルトのミサ曲変ホ長調が初演された教会	202
SCHUBERT	シューベルトが生前最後の音楽を聴いた教会	212
SCHUBERT	シューベルトが冬の旅の一部を作曲した旅館	220
SCHUBERT	シューベルトの兄が勤めていた学校	224
SCHUBERT	シューベルトがコーラス指導した教会	237
SCHUBERT	シューベルトのハ長調ミサが初演された教会	239
SCHUBERT	シューベルト没後100年記念噴水	248
SCHUBERT	シューベルトの初恋相手の家	250
SCHUBERT	オペラ魔法の竪琴が初演されたアン・デア・ウイーン劇場	258
SCHUBERT	シューベルトの葬儀が行われた教会	285
SCHUBERT	シューベルトが合唱曲を献上したレオポルド皇帝の居住	309
SCHUBERT	堂々としたシューベルト像のある市立公園	332
SCHUBERT	埋葬された中央墓地	356
SCHUBERT	シューベルト、ブルックナーらの師だったゼヒターの住居	365
SCHUBERT	シューベルトの父が教会長を狙った教会	369
SCHUBERT	シューベルトの父がここの聖歌隊の隊長になりたかった教会	370
SCHUBERT	シューベルトの両親が結婚式を行った教会	410
SCHUBERT	シューベルトの胸像	446
SCHUBERT	シューベルトが洗礼を受けた教会	447
SCHUBERT	シューベルトが埋葬される直前にここで祝福受けた教会	450
SCHUBERT	シューベルトが通った居酒屋	451
SCHUBERT	ベートーベンとシューベルトが初めに入った墓地	452
SCHUBERT	ここの庭で合唱曲とセレナードを初演した家	464
SCHUBERT	19世紀後半の高級サロン	472
SCHUBERT	シューベルトの木	479
SCHUBERT	シューベルトが好んだホイリゲ	487
SCHUBERT	シューベルトが通ったホイリゲ	492
SCHUBERT	シューベルト記念菩提樹が有名	497
SCHUBERT	合唱曲小さな村を作曲した家	501
SCHUBERT	ここのオルガンを度々演奏したハイリゲンクロイツ僧院	512
SCHUBERT	シューベルトが滞在したホテル	514
SCHUBERT	シューベルティアーゼが度々開催された館	545

関係者	概要	番号
SCHUBERT	シューベルトがリサイタル開催	549
SCHUBERT	シューベルト宿泊したホテル	558
SCHUBERT	シューベルトの親友の親戚の家	559
SCHUBERT	シューベルトの名前の書店	560
SCHUBERT	シューベルトの名前のカフェ	561
SCHUBERT-01	シューベルトの生家	443
SCHUBERT-02,04,07	魔王作曲の家	444
SCHUBERT-03	シューベルトが基礎教育を学んだ学校	324
SCHUBERT-05	19歳のシューベルトが泊まった家	345
SCHUBERT-06	シューベルトの親友シューバーの家	129
SCHUBERT-08,13,15	シューベルトが梅毒の発病した時期の実家	196
SCHUBERT-09	シューベルトが"ます"を作曲した家	138
SCHUBERT-10	シューベルトが同居したシュヴィントの下宿先	144
SCHUBERT-11	シューベルトがおとなしく単身で生活した家	140
SCHUBERT-12	シューベルト未完成作曲の家	64
SCHUBERT-14	シューベルトが"死と乙女"を作曲した家	59
SCHUBERT-16	28歳のシューベルトの下宿先	298
SCHUBERT-17	シューベルティアーゼを毎日こなしていた時期の住居	150
SCHUBERT-18	シューベルトが冬の旅を作曲した家	135
SCHUBERT-19	シューベルトが死んだ兄の家	265
SCHUMANN	シューマンの住居	21
SCHUMANN	シューマンのレリーフがあるコンツェルトハウス	326
SCHWEITZER	シュバイツアーの住居	215
SECHTER	シューベルトの先生だったゼヒターの住居	16
SECHTER	2000年から音楽博物館になる	57
SECHTER	シューベルト、ブルックナーらの師だったゼヒターの住居	365
SHARUK	カラヤンの先生だったシャルクの家	20
SIBELIUS	シベリウスの留学時代の下宿先	278
SOKOLOWSKI	戦後活躍したチェンバロ奏者の家	171
STEINER	映画音楽作曲家マックス・スタイナーの生家	375
STOLZ	シュトルツ全盛期の住居	163
STOLZ	シュトルツの記念碑のある市立公園	332
STOLZ	埋葬された中央墓地	356
STOLZ	シュトルツの歌碑があるプラター公園	373
STOLZ	「私はグリンツィング生まれ」を作曲した家	484
STOLZ	シュトルツの別荘	488
STR-I	ヨハン・シュトラウス1世の終焉の住居	44
STR-I	葬儀が行われたシュテファン教会	61
STR-I	ランナー楽団がよく出演したカフェ	78
STR-I	音楽監督として活躍した宮廷舞踏会場	100
STR-I	ウインナワルツを牽引したランナーとシュトラウス1世の像	172
STR-I	開園式に舞台に立った庭園	174
STR-I	シュトラウス1世楽団が定期的に出演した居酒屋	195
STR-I	ワルツ戦争の舞台となったアポロ劇場跡	227
STR-I	シュトラウスとランナーが同居した家	263
STR-I	シュトラウス1世楽団が出演した居酒屋跡	328
STR-I	シュトラウス1世の住居。	329
STR-I	シュトラウスの多くの名曲が演奏されたホール跡	336

関係者	概要	番号
STR-EDUARD	埋葬された中央墓地	356
STR-EDUARD	指揮者としてデビューした美しき青きドナウ初演の場所	367
STR-JOSEF	ヨーゼフ・シュトラウスの師でもあったゼヒターの住居	16
STR-JOSEF	ヨーゼフ・シュトラウスを記念とした公園	231
STR-JOSEF	埋葬された中央墓地	356
STR-JOSEF	ヨーゼフ・シュトラウスが初めに入ったマルクス墓地	357
STR-JOSEF	ヨーゼフ・シュトラウスの師でもあったゼヒターの住居	365
STR-JOSEF	シュトラウス兄弟がここの聖歌隊に入る	370
STR-JOSEF	ヨーゼフ・シュトラウスが結婚式を挙げた教会	372
STR-JOSEF	ヨーゼフ・シュトラウス終焉の家	380
STR-JOSEF	ヨーゼフ・シュトラウス生家	402
STR-OSCAR	オスカー・シュトラウスの生家跡	390
STR-OSCAR	オスカー・シュトラウスが住んでいたアパート跡	399
STR-RICHARD	リヒャルト・シュトラウスの胸像もあるウイーン歌劇場	1
STR-RICHARD	バラの騎士の舞台にもなった宮殿	249
STR-RICHARD	リヒャルト・シュトラウス全盛期の家	272
STR-RICHARD	リヒャルト・シュトラウスの晩年の家	303
STR-RICHARD	リヒャルト・シュトラウスが通った病院	330
STR兄弟	シュトラウス兄弟がよく出演したホール	435
SUPPE	スッペの住居	155
SUPPE	スッペの終焉の家	162
SUPPE	指揮者として活躍した劇場	221
SUPPE	オペラ作曲に専念した家	308
SUPPE	埋葬された中央墓地	356
SUPPE	スッペの師でもあったゼヒターの住居	365
SUPPE	2区のカール劇場での仕事に多忙な時期の家	366
SWAROWSKY	埋葬された中央墓地	356
SZYMANOWSKI	シマノフスキーの住居	296
TAUBER	オペレッタ歌手でもあったタウバーが住んだ住居	496
TCHAIKOVSKY	チャイコフスキーの弟子でホモ関係だったコテックの家	240
VIVALDI	ヴィバルディ住居	10
VIVALDI	ヴィバルディ最期の家	14
VIVALDI	モーツアルトの天敵コロレードの父親の宮殿	121
VIVALDI	ヴィヴァルディも眠るカール教会	289
WAGNER	ワーグナーも泊まったホテル	37
WAGNER	ワーグナーのピアノがあるホテル	48
WAGNER	ワーグナー支援者の家	52
WAGNER	モーツアルト、ショパン、リストらも宿泊したホテル	159
WAGNER	ワーグナーの主治医が働いていた総合病院	201
WAGNER	ワーグナーのウイーンでのオペラデビューした劇場跡	232
WAGNER	ワーグナーが常連だったレストラン	268
WAGNER	ワーグナーやマーラーも宿泊した名門ホテル	316
WAGNER	ブラームスが訪ねたワーグナーの家	415
WEBER	オイリアンテが初演されたケルントナートーア劇場跡	9
WEBER	芸術家の溜まり的レストランでウエーバーも常連だった	33
WEBER	ウエーバーがシュベルトと飲み交わした居酒屋	43
WEBER	ウエーバーが滞在した宿	55
WEBER	シューベルトとウエーバーが音楽談義で喧嘩した飲み屋	130

関係者	概要	番号
カフェ	文学者が集ったカフェ	91
カフェ	文人カフェ	108
カフェ	皇室ご用達カフェの出店	147
カフェ	多くの芸術家が通ったカフェ	165
カフェ	市庁舎に近いカフェの名店	170
カフェ	リング沿いの高級カフェ	176
カフェ	双頭の鷲の紋章入り看板が有名なカフェ	312
カフェ	1847年創業の皇帝ご用達カフェ	313
観光地	コウノトリで有名な場所	544
教会	ハプスブルグ一族が眠るカプティーナ教会	24
教会	ウイーン最古のオルガンが有名	40
劇場	旧国立銀行が入っていたフェルステル宮殿	110
劇場	戦後の小劇場	156
劇場	標準ドイツ語での演劇劇場	175
劇場	オペレッタの殿堂	193
劇場	演劇を中心とした劇場	242
劇場	1893年開館のオペレッタ劇場	407
劇場	オペレッタが上演されるバーデンのアレーナ劇場	523
劇場跡	リング沿いにあった大劇場の跡	185
劇場跡	オペレッタ全盛期の劇場跡	300
劇場跡	ウインナワルツ全盛の中心だった劇場跡	374
公園	映画「第3の男」の観覧車で有名な公園	373
公園	ウイーン少年合唱団の宿舎がある公園	392
ショップ	CDショップ	4
書店	ウイーン最大の音楽書籍店	67
大学	楽友協会の声楽学校だった	307
大学	多くの芸術家を輩出した音楽演劇大学	325
チケット	オペラ・演劇系チケット販売店	3
チケット	歌劇場専属チケット売り場	7
美術館	テレジアの娘の夫が集めた名品揃い	98
美術館	エゴン・シーレの絵画が充実	244
放送局	ニューイヤーコンサートを放送してくれるORF	292
墓地	シュランメル兄弟のヘルナルゼー墓地	214
墓地	ウイーン最大で多くの音楽家が眠る中央墓地	356
墓地	モーツアルトの遺体の無い墓がある聖マルクス墓地	357
墓地	ベルクが眠るヒーティング墓地	431
墓地	ベートーベンとシューベルトが初めて入ったヴェーリング墓地	452
ホテル	クラシック音楽家の定宿	18
ホテル	作家カフカの定宿	66
ホテル	音楽家ご用達ホテルの一つ	186
ホテル	ヨハンシュトラウス劇場の傍のホテル	299
ホテル	庭園が有名なホテル	306
ホテル	音楽家の定宿の一つ	321
メーカー	ベーゼンドルファーの工場跡	280
メーカー	ベーゼンドルファー本社	319
メーカー	ウイーンフィルの弦楽器のメンテセンター	320
レストラン	オペラ歌手ご用達レストラン	2
レストラン	伝統的ウイーン料理レストラン	6

関係者	概要	番号
レストラン	オペラ歌手常連のレストラン	19
レストラン	高級レストラン	38
レストラン	ブラームスが常連のレストラン	152
レストラン	作曲家のサインが見られるレストラン	154
レストラン	伝統ウイーン料理レストラン	169

重要度索引

［ウィーン市内］

重要度	概要	区	番号
A	世界の3大オペラ座の一つ	1	1
A	ケルントナートーア劇場跡で元祖ザッハートルテの店	1	9
A	シューマンの住居	1	21
A	ウイーン最古のカフェ	1	30
A	芸術家の溜まり場的レストランだった	1	33
A	モーツアルト終焉の地	1	36
A	ワーグナーも泊まったホテル	1	37
A	モーツアルトがコロレード司教と喧嘩したところ	1	41
A	ベートーベン月光ソナタを作曲した家	1	56
A	2000年から音楽博物館になる	1	57
A	ウイーンのシンボル　シュテファン教会	1	61
A	モーツアルト全盛時期の家	1	63
A	シューベルト未完成作曲の家	1	64
A	サリエリの住居	1	65
A	ウイーン最大の音楽書籍店	1	67
A	ブラームスやシュトラウス2世の葬儀が行われた教会	1	69
A	モーツアルト後宮からの誘拐を完成させた住居	1	73
A	モーツアルトが演奏会出演で多忙時代を送った家	1	75
A	ベートーベン29歳の時の住居	1	77
A	モーツアルトの息子が洗礼を受けた教会	1	79
A	コンスタンツェの実家	1	80
A	モーツアルトの住居	1	81
A	学生ハイドンの下宿先	1	89
A	宮廷専属礼拝堂	1	94
A	ウイーン観光で有名なモーツアルト像	1	96
A	ハプスブルグ家の冠婚葬祭の中心	1	99
A	宮殿内の舞踏会場	1	100
A	世界一美しい図書館と言われている	1	101
A	フィガロの結婚の試演が行われた宮殿	1	102
A	ベートーベンの後援者パラヴィッティーニ邸	1	103
A	多くの音楽家が関わった教会	1	112
A	ベートーベン第1交響曲を作曲した家	1	116
A	モーツアルトが初ウイーンで滞在した家	1	119
A	モーツアルトが3度目のウイーン滞在時に宿泊した家	1	120
A	モーツアルトの天敵コロレードの父親の宮殿	1	121
A	ヨハン・シュトラウス2世がデビューした教会	1	122
A	モーツアルトの長男が誕生した時の住居	1	125
A	モーツアルトが困窮した時期の住居	1	126
A	シューベルトが冬の旅を作曲した家	1	135
A	シューベルト時代の楽友協会本部	1	136
A	モーツアルトの浪費が激しくなるころの住居	1	137
A	シューベルトが"ます"を作曲した家	1	138
A	モーツアルトが盛んに稼いだ時期の住居	1	139
A	モーツアルトが交響曲35番作曲した家	1	142

重要度	概要	区	番号
A	ベートーベンの終焉の家	9	200
A	マーラー終焉の地	9	208
A	ベートーベンのウイーンでの初めての住居	9	210
A	シューベルト生誕地	9	443
A	魔王作曲の家	9	444
A	シューベルトが洗礼を受けた教会	9	447
A	ウイーン最大で多くの音楽家が眠る墓地	11	356
A	避暑で滞在したスポンサーの家	12	434
A	ハプスブルグ家の代表的遺産シェーンブルン宮殿	13	411
A	シュトラウス2世がデビューしたカジノだった	13	420
A	こうもり作曲の家	13	425
A	ベルク終焉の家	13	427
A	ベルクのお墓があるヒーティング墓地	13	431
A	ブラームスが訪ねたワーグナーの家	14	415
A	ベートーベンとシューベルトが初めに入った墓地	18	452
A	エロイカ作曲の家	19	471
A	ベートーベンが療養で2ヶ月滞在した	19	480
A	ハイリゲンシュタット遺書の家	19	481
A	ベートーベンが好んで散歩した森の中の胸像	19	482
A	田園交響曲のスケッチが進んだ家	19	485
A	シューベルトが好んだホイリゲ	19	487
A	ベートーベンの聴覚が極度の落ちた	19	494
A	シカネーダーやレハールも住んだ住居	19	496
A	有名なマーラーの墓地	19	503
A	支援者エルデティ伯爵の宮殿	21	507
B	フランスとの戦時下でのベートーベンの住居	1	8
B	音楽師範学校だった	1	17
B	ベートーベン54歳の時の住居	1	22
B	レハールが通ったカフェがあるホテル	1	25
B	19世紀後半の音楽家を世話した宝石商の家	1	27
B	ハイドンが天地創造作曲の家	1	28
B	ベートーベンの弟の家	1	34
B	シューベルトが通った居酒屋	1	35
B	シューベルトが常連のカフェ	1	42
B	ハイドンの初恋の女性の家だった居酒屋	1	43
B	シューベルトが常連だった居酒屋	1	47
B	シュトラウス2世新婚当初の住居	1	49
B	若きベートーベンを指導していた時のハイドンの住居	1	54
B	シューベルトが"死と乙女"を作曲した家	1	59
B	ベルクの結婚式が行われた教会	1	70
B	ベートーベンの時代からの書店・出版社	1	83
B	エステルハージ侯の宮殿	1	85
B	ベートーベンがエロイカ作曲のきっかけとなった宮殿	1	86
B	モーツアルト追悼ミサが行われたミヒャエル教会	1	92
B	初期ブルグ劇場があった場所	1	93
B	ベートーベンの大スポンサーのロブコヴィッツ宮殿	1	97
B	シューベルトが作曲家としてデビューしたホテル	1	113
B	天然痘大流行時モーツアルト一家が泊まった家	1	133

重要度	概要	区	番号
B	ベルク生誕の家	1	134
B	ハイドンの人形も登場する時計	1	149
B	シュトルツ全盛期の住居	1	163
B	フィデリオ仕上げの家	1	182
B	マーラーの歌劇場監督時代の家	1	251
B	エステルハージー候宮殿跡地	1	311
B	ワーグナーやマーラーも宿泊した名門ホテル	1	316
B	シューベルトが基礎教育を学んだ学校	1	324
B	スッペが2区のカール劇場の仕事で多忙な時期の住居	2	366
B	美しき青きドナウ初演の場所	2	367
B	ヨゼフ・シュトラウスが結婚式を挙げた教会	2	372
B	ウインナワルツ全盛の中心だった劇場跡	2	374
B	ヨーゼフ・シュトラウス終焉の家	2	380
B	ハイドンがコーラス指導のアルバイトをしていた教会	2	382
B	30歳のブラームスが多忙だった時期の家	2	385
B	ブラームスがウイーンでの初めての住まい	2	387
B	ブラームスのウイーンでの2番目の住居	2	388
B	ウイーン少年合唱団の宿舎がある公園	2	392
B	リヒャルト・シュトラウスの晩年の家	3	303
B	多くの芸術家を輩出した音楽演劇大学	3	325
B	シュトラウスの多くの名曲が演奏されたホール跡	3	336
B	ウエーベルン生誕の地	3	337
B	ラズモフスキー宮殿	3	343
B	ツィラー終焉の家	3	344
B	19歳のシューベルトが泊まった家	3	345
B	ベートーベンがハンマークラヴィアソナタに着手した家	3	346
B	ドヴォルザークが宿泊したホテル	4	276
B	シベリウスの留学時代の下宿先	4	278
B	シュトラウス2世終焉の家	4	281
B	カールス教会で葬儀が行われたグルックの立像	4	293
B	エドワルト・シュトラウスの晩年の家	5	283
B	シューベルトの葬儀が行われた教会	5	285
B	レハールが常連だったカフェ	6	257
B	難聴がひどくなってきた時期のベートーベンの住居	6	259
B	ウイーン市内の唯一のハイドン立像	6	401
B	ハイドンの葬儀が行われた教会	6	410
B	ランナー、シュトラウス2世が洗礼を受けた教会	7	239
B	ツィラーの生家	7	245
B	ベートーベンの献堂式で開場した劇場	8	221
B	シェーンベルクの妻が入院した病院跡	8	254
B	ウエーベルン学生時代の家	9	187
B	ブルックナー前期の交響曲を作曲した住居	9	192
B	ウイーン市内での最大総合病院	9	201
B	ブラームスの伝記を書いた医師の家	9	209
B	ベートーベン29歳の時の大成功した演奏会場	12	438
B	シュトラウス2世の記念像がある有名カフェの店	13	416
B	シューンベルク一家が平穏に暮らした住居	13	429
B	ベートーベン54歳の夏を過ごした家	14	414

重要度	概要	区	番号
B	ワーグナーのウイーンでのオペラデビューした劇場跡	16	232
B	シューベルトが埋葬される直前に祝福受けた教会	18	450
B	ランナー終焉の住居	18	458
B	ショパンの面倒もみたベートーベンのパトロンの家	18	460
B	ベートーベンが英雄交響曲を着手した家跡	19	461
B	ベートーベンが湯治療で滞在	19	462
B	ベートーベンのチェロソナタ作曲の家	19	464
B	ヴォルフがリートに集中した時期の家	19	465
B	有名なベートーベン像	19	478
B	シューベルトの木が有名	19	479
B	田園交響曲2楽章の小川が流れる	19	483
B	カール・ベーム晩年の住居	19	489
B	マーラーの葬儀が行われた教会	19	502
C	ラントマンが経営するカフェ	1	5
C	歌劇場専属チケット売り場	1	7
C	ヴィバルディ住居	1	10
C	コンスタンツェやベートベンも住んだ	1	13
C	ヴィバルディ最期の家	1	14
C	ベートーベン住居	1	15
C	シューベルトの先生だったゼヒターの住居	1	16
C	ベートベンが訪ねたハイドンの家	1	23
C	ハイドンの大作が初演された宮殿	1	26
C	ヨハン・シュトラウス1世の2番目の妻との住居	1	44
C	評論家時代のヴォルフの住居	1	45
C	シューベルトが通ったパブ	1	50
C	ベートーベンの師のアルブレヒツベルガー終焉の家	1	51
C	ワーグナー支援者の家	1	52
C	ウエーバーが滞在した宿	1	55
C	ランナー楽団がよく出演したカフェ	1	78
C	皇室ご用達カフェ	1	88
C	文学者が集ったカフェ	1	91
C	リヒテンシュタイン侯の宮殿	1	105
C	文人カフェ	1	108
C	ベートーベンの大スポンサーだったキンスキー邸	1	109
C	ハイドンの故郷ローラウの貴族のウイーン内宮殿	1	111
C	モーツアルトが入会したフリーメイソン事務所	1	131
C	シューベルトがおとなしく単身で生活した家	1	140
C	シューベルトがショーバーと同居した家	1	143
C	シューベルティアーゼを毎日こなしていた時期の住居	1	150
C	デュッタースドルフとヘルベックの生家	1	157
C	多くの芸術家が通ったカフェ	1	165
C	ブルックナーも教壇に立ったウイーン大学	1	167
C	ヨハン・シュトラウス2世の胸像もある市庁舎	1	168
C	シュトラウスの末っ子エドワルドの住居	1	173
C	標準ドイツ語での演劇劇場	1	175
C	市立図書館内の音楽資料館	1	252
C	カールマンのオペレッタにも登場する高級ホテル	1	315
C	シュトラウス兄弟がここの聖歌隊に入る	2	370

重要度	概要	区	番号
C	アイスラーが出世した時期の住居	19	486
C	当時の副首相の邸宅	19	490
C	オペレッタ作曲家ベナツキーの家	19	491
C	シューベルトが通ったホイリゲ	19	492
C	シュトラウス1世の義父の別荘	19	500
D	ベートーベンが宿泊した高級ホテル	1	11
D	ベートーベンが宿泊した宿	1	12
D	バラの騎士台本作家ホーフマンスタールの住居	1	31
D	シューベルティアーゼが定期的に開催された家	1	46
D	ワーグナーのピアノがあるホテル	1	48
D	シューベルト親友の家	1	60
D	ヘルメスベルガー終焉の家	1	62
D	出版社アルタリアのあった場所	1	84
D	音楽家が彫られている台座に注目	1	95
D	6歳のモーツアルトが演奏した会場	1	104
D	スヴェーデン男爵邸	1	114
D	ベートーベン30歳の時の住居	1	115
D	ベートーベンが常連の居酒屋	1	128
D	シューベルトの親友シューバーの家	1	129
D	シューベルトがウエーバーと会った飲み屋	1	130
D	モーツアルトが借金した友人宅	1	132
D	ドニゼッティ2年間のウイーンでの住居	1	146
D	皇室ご用達カフェの出店	1	147
D	ブラームスが常連のレストラン	1	152
D	カラヤンの師のシャルクの生家	1	153
D	スッペの住居	1	155
D	ウインナワルツを牽引した二人の像	1	172
D	シューベルトがよくここでのミサに参列	1	177
D	シューベルト最後のシューベルティアーゼアーゼ開催	1	179
D	ベーゼンドルファー本社	1	319
D	ウイーンフィルの弦楽器のメンテセンター	1	320
D	シューベルト、ブルックナーらの師だったゼヒターの住居	2	365
D	シュトラウス1世の出演が多かった居酒屋跡	2	368
D	シューベルトの父が教会長を狙った教会	2	369
D	シュトウス2世の38歳の時の住居	2	376
D	シェーンベルクが初恋を経験した家	2	383
D	ブラームスの3番目の住居	2	386
D	フリーメイソンのカジノ跡	2	389
D	オスカー・シュトラウスの生家跡	2	390
D	ツェムリンスキーがシェーンベルクと通った学校	2	395
D	シェーンベルクがウイーンから追い出される直前の家	2	398
D	オスカー・シュトラウスが住んでいたアパート跡	2	399
D	ブラームスの演奏会がよく催された州立劇場跡	3	351
D	ヴォルフが入院した精神病院	3	354
D	シェーンベルクの妻が死んだ家	3	361
D	エーリッヒ・クライバー生誕地	4	266
D	ワーグナーが常連だったレストラン	4	268
D	アン・デア・ウイーン劇場跡	4	270

重要度	概要	区	番号
D	シュトルツの別荘	19	488
D	シュランメル兄弟がよく演奏していた家	19	493
D	オペレッタ作曲家ミロッカー生家	19	495
D	アントン・カラスの家	19	499
D	合唱曲小さな村を作曲した家	19	501
E	オペラ歌手ご用達レストラン	1	2
E	オペラ・演劇系チケット販売店	1	3
E	CDショップ	1	4
E	伝統的ウイーン料理レストラン	1	6
E	クラシック音楽家の定宿	1	18
E	オペラ歌手常連のレストラん	1	19
E	カラヤンの先生だったシャルクの家	1	20
E	ハプスブルグ一族が眠るカプティーナ教会	1	24
E	チョコレートトルテがおいしいカフェ	1	29
E	アロイジアの夫の家	1	32
E	高級レストラン	1	38
E	シュトラウス2世新婚時代の二つ目の住居	1	39
E	ウイーン最古のオルガンが有名	1	40
E	ショッテン教会楽長フックスの住居	1	53
E	19世紀後半からの劇場	1	58
E	作家カフカの定宿	1	66
E	ドイツの音楽家の家	1	68
E	劇作家ネストロイの生家	1	71
E	ベートーベンが通ったカフェ	1	72
E	ベートーベンのたまり場	1	74
E	ツェルニーの住居	1	76
E	ベートーベンが通ったカフェ	1	82
E	シューンベルク住居	1	87
E	未亡人コンスタンツェの住居	1	90
E	テレジアの娘の夫が集めた名品揃い	1	98
E	シェーンベルクらが教鞭をとったところ	1	106
E	19世紀初頭までの演奏会場	1	107
E	旧国立銀行が入っていた宮殿	1	110
E	ハイドンの頭蓋骨を隠した役人の家	1	117
E	モーツアルト一家がお世話になった医者の家	1	118
E	マーラー22歳の時の住居	1	123
E	シェーンベルクがアルバイトした銀行があった所	1	124
E	6歳のモーツアルトが演奏した友人宅	1	127
E	29歳のシューベルトが住む	1	141
E	モーツアルトが天然痘避難から戻って来た時の宿	1	145
E	ハイドンが働いた教会	1	148
E	戦後の小劇場	1	156
E	シューベルトの友達が自殺した家	1	158
E	カラヤンの定宿	1	161
E	未亡人アルマの住居	1	164
E	伝統ウイーン料理レストラン	1	169
E	市庁舎に近いカフェの名店	1	170
E	戦後活躍したチェンバロ奏者の家	1	171

住所索引

関係者別索引

重要度索引

重要度	概要	区	番号
E	ランナー楽団のベースホール	7	246
E	マーラーが18歳の夏に過ごした家	8	218
E	アイスラーの胸像	8	219
E	12音技法を発展させたハウアーの終焉の住居	8	225
E	ハイドンが時々通った教会	9	194
E	シュトラウス1世楽団が定期的に出演した居酒屋	9	195
E	ベルク20歳の時期に住んだ家	9	197
E	マーラーの学生時代の住居	9	198
E	シェーンベルクの家	9	203
E	シェーンベルクの新婚時代の住居	9	247
E	ランナーとシュトラウスが競演したダンスホール跡	9	441
E	ベルク25歳の時の家	9	442
E	シューベルトの胸像	9	446
E	ウエーベルンの28歳の時の住居	12	436
E	5000人収容の大ダンスホールがあった	12	439
E	ハイドンの最初の墓	12	440
E	クレネック32歳の時の住居	13	421
E	ベルクの妻の生家	13	428
E	オペレッタ黄金期の作曲家レオ・フォールの住居跡	13	432
E	フランツ・シュミットの家	14	417
E	オーストリアの行進曲作曲家の家	15	406
E	カールマンの胸像	18	455
E	リストと弟子の数で競ったピアニストの家	18	457
E	クレネックが通った学校跡	18	459
E	ヴォルフの記念碑	19	469
E	19世紀後半の高級サロン	19	472
E	シューベルト記念菩提樹が有名	19	497
E	フロトー56歳の住居	19	498
E	ツェムリンスキーが逃亡するまでの家	19	504
E	シェーンベルクの伝記作家の家	19	505
E	アントン・カラスが遊んだ広場	19	506

［ウィーン近郊］

重要度	概要	場所	番号
A	ベートーベン博物館	BADEN	514
A	アヴェ・ヴェルム・コルプスが初演された教会	BADEN	518
A	エステルハージ-宮殿	EISENSTADT	533
A	ハイドン記念館	EISENSTADT	535
A	ハイドンが眠るベルグ教会	EISENSTADT	536
A	ハイリゲンクロイツ僧院	HEILIGENKREUZ	513
A	ケッヘルの生家	KREMS	553
A	ベートーベン最後の弦楽四重奏曲作曲の家	KREMS-GNEIXENDORF	546
A	ベートーベンのハンマークラヴィア作曲の家	MÖDLING	509
A	ブラームスが交響曲第4番を作曲した家	MÜRZZUSCHLAG	556
A	ブラームスの散歩道	MÜRZZUSCHLAG	557
A	ハイドンの生家	ROHRAU	531
A	シューベルトの親友の親戚の家	ST.PÖLTEN	559

重要度	概要	場所	番号
B	シューベルティアーゼが度々開催された館	ATZENBRUGG	545
B	シューベルトやシュトラウスⅡ世が滞在したホテル	BADEN	515
B	ベートーベンが献堂式を作曲した宿	BADEN	516
B	モーツァルトがアヴェ・ヴェルム・コルクスを作曲した家	BADEN	524
B	クレネック博物館	KREMS	551
B	ベートーベンがカールを連れて行った弟の家	KREMS-GNEIXENDORF	548
B	ベートーベンがミサ・ソレムニスに本格的に着手した家	MÖDLING	510
B	シェーンベルク記念館	MÖDLING	512
B	ブラームスのピアノ協奏曲2番作曲の家	PRESSBAUM	541
B	シューベルト宿泊した家	ST.PÖLTEN	558
C	ベートーベン37歳の時に宿泊	BADEN	517
C	ベートーベンが宿泊したホテル	BADEN	525
C	サリエリやベートーベンが宿泊したホテル	BADEN	526
C	ベートーベンが避暑で住んだ家	BADEN	530
C	リスト記念像	EISENSTADT	534
C	ハイドンの作曲小屋	EISENSTADT	537
C	シューベルトがリサイタル開催	KREMS	549
C	ベートーベン記念碑	KREMS-GNEIXENDORF	547
C	うたかたの恋の舞台	MAYERLING	508
C	ウエーベルンが静けさを求めて移って来た住居	MÖDLING	511
C	湖上オペレッタが有名な屋外劇場	MÖRBISCH	543
D	ランナーとシュトラウス1世の記念碑	BADEN	520
D	モーツアルト聖堂	BADEN	521
D	ベートーベン聖堂	BADEN	522
D	ベートーベンが弟カールと一緒に避暑で滞在	BADEN	527
D	ミロッカー終焉の家	BADEN	528
D	ツィーラーの住居	BADEN	529
D	ブルックナーが弾いたオルガンで有名な教会	KLOSTERNEUBURG	540
D	ミノリテン教会	KREMS	550
D	リストの母親の実家	KREMS	552
D	ブラームスの像	MÜRZZUSCHLAG	555
D	ハイドン記念像	ROHRAU	532
E	ベートーベンの中期弦楽四重奏曲作曲の家跡	BADEN	519
E	アレーナ劇場	BADEN	523
E	トラップ大佐の宮殿	KLOSTERNEUBURG	538
E	アルブレヒツベルガーの住居	KLOSTERNEUBURG	539
E	リストの母方親族の家	KREMS	554
E	モーツァルトが父を見送った場所	PURKERSDORF	542
E	コウノトリで有名な場所	RUST	544
E	シューベルトの名前の書店	ST.PÖLTEN	560
E	シューベルトの名前のカフェ	ST.PÖLTEN	561

参考文献

著者	書名	出版社
海老沢敏	大音楽家　人と作品　モーツアルト	音楽之友社
門馬直美	大音楽家　人と作品　ブラームス	音楽之友社
平野昭	作曲家　人と作品　ベートーベン	音楽之友社
福原信夫	ヨーロッパ音楽旅行案内	音楽之友社
海老沢敏監修	音楽の手帳　モーツアルト	青士社
海老沢敏監修	音楽の手帳　ベートーベン	青士社
ヨーゼフ・ハインツ・アイブル	モーツアルト年譜	音楽之友社
青士社編集部	音楽の手帳　マーラー	青士社
大宮真琴	大音楽家　人と作品　ハイドン	音楽之友社
秋山晃男	モーツアルト事典	冬樹社
田辺秀樹	新潮カラー文庫　モーツアルト	新潮社
福原信夫	その小路の家にベートーベンが住んでいた	芸術現代社
平野昭	新潮カラー文庫　ベートーベン	新潮社
三宅幸夫	新潮カラー文庫　ブラームス	新潮社
渡辺護	ウイーン音楽文化史	音楽之友社
丸山桂介	ウイーンのモーツアルト	春秋社
海老沢敏	モーツアルトの生涯1～3巻	白水Uブックス
ヘルムート・クレッチマー	ウイーンのモーツアルト史跡探訪	音楽之友社
クリスティアン・M・ネバハイ	ウイーン音楽地図　ロマン派・近代	音楽之友社
海老沢敏	モーツアルト事典　全作品解説事典	東京書籍
海老沢敏	モーツアルトの旅　（全5巻）	音楽之友社
神田明	ウイーン大研究	春秋社
船山隆	新潮カラー文庫　マーラー	新潮社
前田昭雄	新潮カラー文庫　シューベルト	新潮社
稲生永	ベートーベン音楽散歩	音楽之友社
三雲ひろ太	モーツアルトのウイーン	JTB
五島雄一郎	死因を辿る　大作曲家たちの精神病理のカルテ	講談社
上田浩二	ウイーン	筑摩書房
近藤寿行	ウイーン音楽の散歩道	講談社
稲生永	シューベルト音楽散歩	音楽之友社
クリスティアン・M・ネバハイ	ウイーン音楽地図　古典派	音楽之友社
長島喜一郎	音楽ファンのためのウイーン完全ガイド	音楽之友社
加藤雅彦	ウインナ・ワルツ	NHKブックス
遠山一行	新潮カラー文庫　ショパン	新潮社
長島喜一郎	ウイーン　作曲家めぐり	甜燈社
村田千尋	作曲家　人と作品　シューベルト	音楽之友社
村井翔	作曲家　人と作品　マーラー	音楽之友社
西原稔	作曲家　人と作品　ブラームス	音楽之友社
岡田暁生	作曲家　人と作品　リヒャルト・シュトラウス	音楽之友社
	Musikalischer Reisefuehrer Oesterreich	Atlantis Musikbuch Verlag
Guy Hartopp	Vienna A Complete Musical Guide	Faxton
David L.Nelson	Wien fuer den Musikliebhaber	Musikverlag Doblinger
	Europaeische Mozart Wege	Explorise
	Theater und Kino	Ueberreuter
David L. Nelson	Vienna Music Guide	Doeblinger
Helga Maria Wolf	Alten Wien	styria premium
	Mozart und Wien	Falters CITY walks
	Klaenge um Brahms	Brahmus Museum Muerzzuschlag
	Mozart 1756-1791	Jeroen Koolbergen
	Beethoven 1770-1827	Jeroen Koolbergen
Gerard Gefen	Musiker und ihre Haeuser	Knesebeck
Volkmar Braunbehrens	Mozart Lebensbilder	Gustav Luebbe verlag GmbH
Max Becker	Mozart	Insel Verlag
Leopold Nowak	Anton Bruckner Musik und Leben	Rudolf Trauner Verlag

【筆者略歴】

・氏名　赤松　弘一（あかまつ　ひろかず）
・略歴　1951年生まれ　慶應義塾大学卒業。
　　　　化学系エンジニアリング会社役員、オーストリア日本法人会社社長を歴任。
　　　　長年、欧州の音楽史跡の調査にあたる。
　　　　日本モーツアルト協会会員。

音楽史跡巡りのためのウィーン住所録

2021年10月14日　第1刷発行

著　者　赤松弘一

発行者　太田宏司郎
発行所　株式会社パレード
　　　　大阪本社　〒530-0043　大阪府大阪市北区天満2-7-12
　　　　　　　　　TEL 06-6351-0740　FAX 06-6356-8129
　　　　東京支社　〒151-0051　東京都渋谷区千駄ヶ谷2-10-7
　　　　　　　　　TEL 03-5413-3285　FAX 03-5413-3286
　　　　https：//books.parade.co.jp

発売元　株式会社星雲社（共同出版社・流通責任出版社）
　　　　　　　　　〒112-0005　東京都文京区水道1-3-30
　　　　　　　　　TEL 03-3868-3275　FAX 03-3868-6588

装　幀　藤山めぐみ（PARADE Inc.）
印刷所　創栄図書印刷株式会社